WIZARD

コナーズRSI入門

Laurence A. Connors

個別株とETFで短期売買を極める

ローレンス・A・コナーズ［著］　長尾慎太郎［監修］　山口雅裕［訳］

Options Trading with ConnorsRSI

Trading Stocks and Options with Moving Averages — A Quantified Approach

ETF Trading with Bollinger Bands

Advanced ConnorsRSI Strategy for ETFs

Short Selling Stocks with ConnorsRSI

High Probability Trading With Multiple Up and Down Days

S&P 500 Trading with ConnorsRSI

Pan Rolling

【免責事項】

コナーズ・リサーチ社、ローレンス・A・コナーズ、セザール・アルバレス（以降、「当社」と称する）は、本書の出版によって、投資顧問サービスを提供するものでも、登録された投資顧問業者または証券業者として行動するものでもありません。また、顧客がどの証券や通貨を売買すべきかを伝えたり提案したりすることも意図していません。当社の属するアナリスト、従業員または関連会社は、本書で述べる株式、通貨または業界のポジションを取っている可能性があります。証券や通貨のトレードには非常に大きなリスクがあります。当社、著者、出版者および全関連会社は、読者のトレードや投資の結果について、いかなる責任も負いません。当社のウェブサイトや出版物における事実の記述は発表当時になされたものであり、予告なく変更されることがあります。

本書に掲載した手法やテクニック、指標によって利益が得られるとも、損失が生じるとも考えるべきではありません。当社出版物に掲載された個々のトレーダーやトレードシステムの過去の結果は、そのトレーダーやシステムの将来のリターンを示唆するものでも、読者が将来に得られるリターンを示唆するものでもありません。さらに、当社製品の指標、戦略、コラム、記事、その他すべての記事（以降、「情報」と称する）は、情報提供および教育のみを目的としたものであり、投資アドバイスと解釈すべきではありません。当社のウェブサイトで取り上げた例は、教育だけを目的にしたものです。それらのセットアップは売買の勧誘ではありません。したがって、それらの情報だけに頼って投資をするべきではありません。そうではなく、さらに自分でリサーチをして、投資に関する相場観を作るための出発点としてのみ利用すべきです。

読者は常に公認のファイナンシャルアドバイザーや税務顧問に確認をして、投資にふさわしいかどうかを判断すべきです。

仮想上あるいはシミュレーションされたパフォーマンスの結果には避けられない限界があります。シミュレーションによる結果は実際のパフォーマンスとは異なり、実際のトレードを表すものではなく、証券会社等のスリッページの影響が反映されていない場合もあります。また、トレードは実際に執行されていないため、その結果は流動性の不足のような市場の影響を十分に取り除いていないか、過度に取り除いている可能性があります。さらに、シミュレーション用のトレードプログラムは一般に、過去のトレード結果を利用して設計されるものです。いかなる口座でも、本書で示されたことと同様の利益または損失を生じるか、その可能性が高いという表明をするものではありません。

ニュージャージー州ジャージーシティー
エクスチェンジ・プレイス10番　1800号　コナーズ・リサーチ社

S&P 500 Trading with ConnorsRSI
High Probability Trading with Multiple Up and Down Days
Short Selling Stocks with ConnorsRSI
Advanced ConnorsRSI Strategy for ETFs
ETF Trading with Bollinger Bands
Trading Stocks and Options with Moving Averages - A Quantified Approach
Options Trading with ConnorsRSI

Copyright © 2012-2014 by Connors Research, LLC. All rights reserved.

監修者まえがき

　本書はローレンス・A・コナーズが著したトレード戦略研究報告である"Connors Research Trading Strategy Series"からの合冊であり、コナーズの著書としては『魔術師リンダ・ラリーの短期売買入門』『コナーズの短期売買入門』『コナーズの短期売買実践』『コナーズの短期売買戦略』『高勝率システムの考え方と作り方と検証』（いずれもパンローリング）に続く6冊目の邦訳ということになる。このようにコナーズの著書が次々と日本に紹介されてきたのは、実証主義（positivism）に依拠した相場書としてどれも際立った秀作だからである。

　ここで、米国流の実証主義とアジア的な解釈主義（interpretivism）とは折に触れ対比される科学哲学の下位区分であるが、どちらの世界観が正しいとか優れているとかいった議論を行う種類のものではない。実際にはそれぞれに長短の特徴があるだけである。しかし、ことマーケット（金融市場）においては、解釈主義者にはどうやら勝ち目はないようだ。マーケットにおいては、私たち個人の主観や意味、精神世界などはどうでもよいのであって、客観的な情報やデータがすべてである。だが残念なことに、客観的かつ定量的なモノの考え方は、主観的かつ定性的な解釈主義を好む私たち日本人にはあまり馴染みがない概念である。このため、少なからぬ数の人が解釈主義の立場から、投資戦略を採用する根拠として循環論法（この投資戦略は正しい、なぜなら私がそう思うからだ。そして私がそう感じたのは、その投資戦略が正しいからだ）を用い、その主張のおかしさに自分では気づかない。ここにコナーズの著書を日本に紹介する意義がある。

　ところで、投資において個人的な思い込みに翻弄される傾向は、合議制で投資戦略や投資方針を決める機関や組織においては時として顕

著になることがある。意思決定のプロセスの段階のいずれかに個人的な直感に拘泥する人がいて、彼らにとって真実は（外界ではなく）自分の心の中に存在するので、マーケットの現実を見ようとはしないからである。それを考えれば、自分ひとりで判断し行動できる個人投資家のほうが、事実に基づいた根拠ある資産運用によほど近い場所にいることになる。もし読者の方が相場で無駄に散財することを望まないならば、本書をはじめとしたコナーズの著作を読むことで、実証主義によるトレードのアプローチを正しく学ぶことができる。ここで説かれている考え方を外挿した投資戦略を用いるかぎり、マーケットでの成功は単に時間の問題である。

　翻訳にあたっては以下の方々に心から感謝の意を表したい。前作、前々作に引き続き、山口雅裕氏には今回も正確かつ迅速な翻訳を行っていただいた。そして阿部達郎氏にはいつもながら丁寧な編集・校正を行っていただいた。また、本書が発行される機会を得たのは、パンローリング社の後藤康徳社長のおかげである。

2014年8月

長尾慎太郎

CONTENTS

監修者まえがき　　　　　　　　　　　　　　　　　　　　1

第1部　コナーズRSIを利用したS&P500のトレード　7
第1章　はじめに　　　　　　　　　　　　　　　　　　9
第2章　戦略のルール　　　　　　　　　　　　　　　　13
第3章　検証結果　　　　　　　　　　　　　　　　　　25
第4章　戦略の変数を選ぶ　　　　　　　　　　　　　　31
第5章　オプションを利用する　　　　　　　　　　　　35
第6章　終わりに　　　　　　　　　　　　　　　　　　39
付録　コナーズRSIの計算法　　　　　　　　　　　　41

第2部　連続上昇・連続下落を利用した高勝率トレード　47
第1章　はじめに　　　　　　　　　　　　　　　　　　49
第2章　空売りの仕組み　　　　　　　　　　　　　　　53
第3章　戦略のルール　　　　　　　　　　　　　　　　57
第4章　検証結果　　　　　　　　　　　　　　　　　　69
第5章　戦略の変数を選ぶ　　　　　　　　　　　　　　79
第6章　オプションを利用する　　　　　　　　　　　　85
第7章　終わりに　　　　　　　　　　　　　　　　　　93

第3部　コナーズRSIを利用した株式の空売り　95
第1章　はじめに　　　　　　　　　　　　　　　　　　97
第2章　空売りの仕組み　　　　　　　　　　　　　　　101
第3章　戦略のルール　　　　　　　　　　　　　　　　105
第4章　検証結果　　　　　　　　　　　　　　　　　　115
第5章　戦略の変数を選ぶ　　　　　　　　　　　　　　121
第6章　オプションを利用する　　　　　　　　　　　　125
第7章　終わりに　　　　　　　　　　　　　　　　　　129

第4部　コナーズRSIを利用したETFの上級トレード戦略　131
第1章　はじめに　　　　　　　　　　　　　　　　　　133

第2章	戦略のルール	135
第3章	検証結果	143
第4章	戦略の変数を選ぶ	149
第5章	オプションを利用する	155
第6章	終わりに	161
付録	ATRの計算法	163

第5部　ボリンジャーバンドを利用したETFのトレード　167

第1章	ボリンジャーバンドの基本	169
	ボリンジャーバンドとは何か？	170
	％bの計算	171
	ETFをトレードする理由	172
第2章	仕掛けと手仕舞いのルール	173
第3章	検証結果	181
第4章	手仕舞いの役割	189
第5章	ボリンジャーバンドを利用したオプションのトレード	193
第6章	終わりに	197
付録	RSIの計算法	201

第6部　移動平均に基づく株式とオプションのトレード──定量化手法　203

第1章	はじめに	205
第2章	戦略のルール	209
第3章	検証結果	219
第4章	戦略の変数を選ぶ	225
第5章	オプションを利用する	231
第6章	終わりに	237
付録	ヒストリカルボラティリティ	239

第7部　コナーズRSIに基づくオプションのトレード　241

| 第1章 | オプションの基本 | 243 |

CONTENTS

第2章　コナーズRSI　　　　　　　　　　　　　　　　247
第3章　コナーズRSIに基づくオプショントレード戦略の
　　　　ルール　　　　　　　　　　　　　　　　　　257
第4章　検証結果　　　　　　　　　　　　　　　　　269
第5章　戦略の変数を選ぶ　　　　　　　　　　　　　279
第6章　終わりに　　　　　　　　　　　　　　　　　283

第1部

コナーズRSIを利用したS&P500のトレード

S&P 500 Trading with ConnorsRSI

第1章 はじめに

Introduction

　私は2007年に、世界のエンターテインメントの中心地であるロサンゼルスから世界の金融の中心地であるニューヨークに移った。そこでは、一流トレーダーやマネーマネジャーの多くと実りある時を過ごす機会に恵まれた。幸運にも、ある午後のひとときを過ごすことができた紳士の1人は、評判が良い証券会社の経営者だった。彼はかつて、2つの証券取引所で30年以上にわたって、S&P500銘柄の取引を行うスペシャリストとして働いていた。彼のトレード方針は、インターネットバブルとその崩壊が起きた1990年代後半から2000年代前半よりも前にトレードを学んだ数人のプロと非常によく似ていた。彼の方針は、「優良株だけを買う」というものだった。

　「優良株だけを買う」とはどういう意味だろうか？　彼の考えでは、それは創業から何十年もたった有名企業で、自分でその事業内容が理解できる株だけを買うということだ。これは興味深い考えだ。ウォーレン・バフェットが広めた方針と同じだからだ。だが、バフェットはそれらの銘柄を買うと長く保有しがちなのに対して、この紳士は同じ銘柄の売買を繰り返して暮らしていた（それも、非常に良い暮らしだ）。彼は優良企業の株を2～3日保有するほうが、ほとんど聞き覚えがなく値動きが激しい銘柄を保有するよりもはるかに安全だと感じていた。

　金融市場で成功する者はだれであれ、「落ち着けるところ」でトレ

ードをするから成功するのだ。この紳士の落ち着けるところはバフェットと同じく、なじみがあり、何十年後でも事業を続けていそうな会社の株にあった。彼はよく知らない会社には何の興味も持たなかった。「私は夜にぐっすり眠るのが好きなんだが、これらの会社の株を持っているとよく眠れるんだよ」と、彼は言った。あなたが「優良株を買う」という方針でいるのなら、彼と同じタイプだ。

彼にどういう方法でトレードをしているのかと尋ねると、ほほ笑んでためらいがちに、「安く買って高く売るんだ」と言った。私はにっこりしたあと、さらに探りを入れた。結局、彼は具体的な方法を打ち明けてくれた。正確な戦略を明かすことなく、彼のトレード方針の基礎を述べると次のようになる。

1. アメリカの投資資金の大半はマネーマネジャーによって運用されている。それらの資金の大半は年金である。マネジャーたちは優良企業に投資するようにという指示を受けている。優良企業を見つけて投資するのに最適なところはS&P500である。
2. S&P500の構成銘柄に投資される資金の大半は通常、バイ・アンド・ホールドの方針で運用されている。
3. これらのマネーマネジャー、なかでも割安株に投資するマネジャーは機会があれば、それらの銘柄が一時的に安くなったときに買いを目指す。優れたマネジャーは割安株を見ると、それが割安だと分かるので、安値になったときを利用して保有株を買い増す。
4. 安値で買いが入ると、それらの銘柄に「短期的なクッション」ができる。
5. このクッションのおかげで、株価が下げ止まって再び上昇することがよくある(平均回帰を利用したトレードの核となる考え)。彼は数十年にわたって、証券取引所のフロアや自分の経営する証券会社でこうした値動きを見てきた。そして、安値で株を買い増

そうと待ち受けている大口資金があるおかげで、株価が上昇する確率が高まる、ということを理解した（この点については、以降の章で裏付けとなる統計を示す）。

結局のところ、彼がよく知っていて信頼している銘柄には必ず大口資金が入ってくるということを、彼は分かっている。判断を誤ったときには、彼は手仕舞おうとする。判断が正しければ、利益を確定して次のポジションに移る。

この明快なトレード法は非常に理にかなっている。それは直観的に、正しいと分かる。これはもちろん、S&P500の構成銘柄すべてが常にこうした値動きをするという意味ではない。S&P500銘柄でも、エンロンやリーマン・ブラザース、それに多くの大手銀行株などは、特に2008年に下落したし、破綻した企業もあった。しかし、プロのトレーダーは何が起きているのか（株価が安くて魅力的になると、割安株を買う動きが現れる）や、なぜそうしたことが起きるのか（たいていは、単なる短期的な戻り）を理解している。また、彼らは株価が上昇する確率を判断することができる。この第1部では、ここで述べたような買いの動きを裏付ける統計を提供するつもりだ。

どのように検証をしたか

1．2001年1月から2013年第1四半期（この第1部を書く直前の四半期）までのS&P500の全銘柄を調べた。
2．全銘柄には、エンロンやリーマンのような銘柄も含まれる。
3．トレードシグナルが点灯したかどうかは、すべて大引けで見た。仕掛けはその翌日に指値注文で行い、手仕舞いはその日の平均価格を使って成行注文で執行されたと仮定した。
4．スリッページと手数料は考慮しなかった。

この戦略に基づいた12年間のシミュレーションをすべて検討すると、2009年に例の紳士が私に述べたように、大手機関投資家は割安と見ると買いたがることが分かるだろう。また、市場の多くは長期的にはそれなりに効率的なので、短期的には割安になってもそうした状況が長くは続かないということも、彼らは知っている。したがって、そうした状況では、前に述べた紳士と同じく、賢明なトレーダーが割安なS&P500銘柄を買って、素早く――しばしば2～3日以内に――利食いをする絶好の機会となる。

　以降の章では、厳密なルールを紹介する。安く買って高く売る、ということを頭に入れておくのは良いが、一般論だけでは役に立たない。S&P500銘柄のトレードで成功するためには、検証期間にだけ良い結果が得られるルールではなく、具体的で簡単に使えるルールが必要だ。私たちは読者にそうしたルールや、ルールで使える多くの変数、それに10年以上に及ぶ検証結果のすべてを提供する。この第1部を読み終えるころには、S&P500の構成銘柄をいつ買って、いつ手仕舞うべきかや、12年3カ月の検証期間に、どういうリターンが得られたかが分かるだろう。この時期は下落、上昇、暴落、それから再び上昇という、長期投資家にとっては全体的に見て苦しい期間だった。だが、S&P500指数の構成銘柄をいつ売買すべきかが分かっている人にとっては、素晴らしい期間だった。

　この第1部に満足していただければ幸いだ。これを読んだあと、S&P500銘柄のトレードについてさらに学びたいと思ったときは、私たちのウェブサイト（http://www.tradingmarkets.com/）を見てほしい。

　それでは、先に進もう。

第2章 戦略のルール

Strategy Rules

　「コナーズRSIを利用したS&P500のトレード戦略」では、セットアップ、仕掛け、手仕舞いという単純な3段階でトレードを行う。次に、各段階のルールを詳しく述べよう。

　セットアップは以下の条件のすべてが満たされたときに整う。

1．トレードする銘柄は現在のS&P500の構成銘柄である。
2．大引けで、コナーズRSI（3、2、100）の値がW以下である。ここで、Wは5か10とする。
3．終値はその日の値幅のうちで、安値からX％の範囲にある。ここで、Xは25、50、75、100のいずれかを使う。

　前日にセットアップが整っていたら、仕掛けは次のように行う。

4．昨日の終値よりもY％下に指値を置く。ここで、Yは2、4、6、8、10のいずれかを使う。

　買ったら、次の条件で手仕舞う。

5．コナーズRSIの値が大引けでZを上回る。ここで、Zは50か70で

ある。

　各ルールをもう少し詳しく見て、どうしてそれらを戦略に含めるのかを説明しよう。
　ルール１は単にトレード対象をS&P500銘柄だけに制限するためのものだ。
　ルール２では、コナーズRSIを使って押しを特定する。コナーズRSIの詳しい説明については、第１部の付録を見てもらいたい。
　ルール３で、株価が大引けにかけてどの程度、下げ続けたかを見る。Xに100の値を使った場合は、実際にはこのルールは除外される。安値から100％の範囲とは、その日の値幅のすべてであるからだ。この値を含めたのは、ルール３を使わなかったときの結果も示しておきたいからだ。
　ルール４によって、最適な価格で買うことができる。私たちはコナーズRSIの尺度で、すでに売られ過ぎの銘柄を選んでいる。そして、それが日中にさらに売られ過ぎになるのを待っている。日中の下落が２日連続で起きているため、市場にはかなりの恐怖が広まっていることも多い。マネーマネジャーたちは売ると決めたら特に神経質になり、「とにかく手仕舞ってくれ」と、よく主任トレーダーに指図をする。この狼狽売りによって、買いの機会が生まれる。
　ルール５は明確な手仕舞い法を提供している。定量化され、体系だっていて、規律がある手仕舞いのルールを持つ戦略はほとんどない。ルール５が示す手仕舞いの明確な変数は、過去12年以上の検証結果で裏付けられたものだ。ほかのすべての戦略の変数と同じく、私たちは使う手仕舞い法を事前に決めておき、トレードでそのルールを一貫して用いる。

　だれもがマーケットの大引け直前に手仕舞えるわけではない。その

ため、私たちの検証では、手仕舞いのシグナルが点灯した翌日にすべてのトレードを手仕舞ったということにしている。その日のランダムな時間に成行注文を出した場合のシミュレーションを行うために、手仕舞い価格にはその日の始値、高値、安値、終値の平均を使った。すなわち、「手仕舞い価格＝（始値＋高値＋安値＋終値）÷4」になる。

上のルールに従い、さまざまな変数を組み合わせて検証を行うと、勝率は極めて高かった。第3章では検証結果を詳しく見ていくが、ここでは勝率が高いトップ20の戦略をざっと見ておこう。

勝率が高いトップ20の変数の組み合わせ

トレード数	平均損益	勝率	仕掛けでのコナーズRSI	終値が安値から何%の範囲にあるか	指値を前日の終値の何%下に置くか	手仕舞いでのコナーズRSI
278	14.8%	86.0%	5	25	10	50
278	16.9%	84.9%	5	25	10	70
318	13.3%	84.0%	5	50	10	50
317	15.0%	83.0%	5	50	10	70
415	11.2%	82.9%	5	25	8	50
414	12.7%	82.9%	5	25	8	70
325	12.9%	82.8%	5	75	10	50
328	12.8%	82.6%	5	100	10	50
324	14.6%	81.5%	5	75	10	70
327	14.5%	81.4%	5	100	10	70
481	11.6%	81.1%	5	50	8	70
483	10.3%	81.0%	5	50	8	50
493	9.9%	79.9%	5	75	8	50
498	11.2%	79.9%	5	100	8	70
491	11.2%	79.8%	5	75	8	70
500	9.8%	79.6%	5	100	8	50
626	9.4%	77.6%	5	25	6	70
629	7.9%	77.1%	5	25	6	50
652	9.4%	76.8%	10	25	10	50
788	8.7%	76.0%	10	50	10	50

定量的な戦略の検証で、点灯したシグナルの75％で利益が出ることはかなり珍しい。20通りの変数の組み合わせすべてが76～86％の勝率であるということは、コナーズRSIを利用したS&P500のトレード戦略が効果的で一貫性があるという何よりの証拠である！

＊　＊　＊　＊　＊　＊　＊

では、典型的なトレードがチャート上でどう見えるかを確認しておこう。次の例では、コナーズRSIの値が10以下、終値がその日の安値から25％の範囲内であることを条件とする戦略を使っている。指値注文は、セットアップが整った日の終値から6％下に置く。そして、コナーズRSIが70を超えて引けたときに手仕舞う。上で述べた戦略のルールに即して言えば、W＝10、X＝25、Y＝6、Z＝70ということだ。

図1　ISRGのトレード

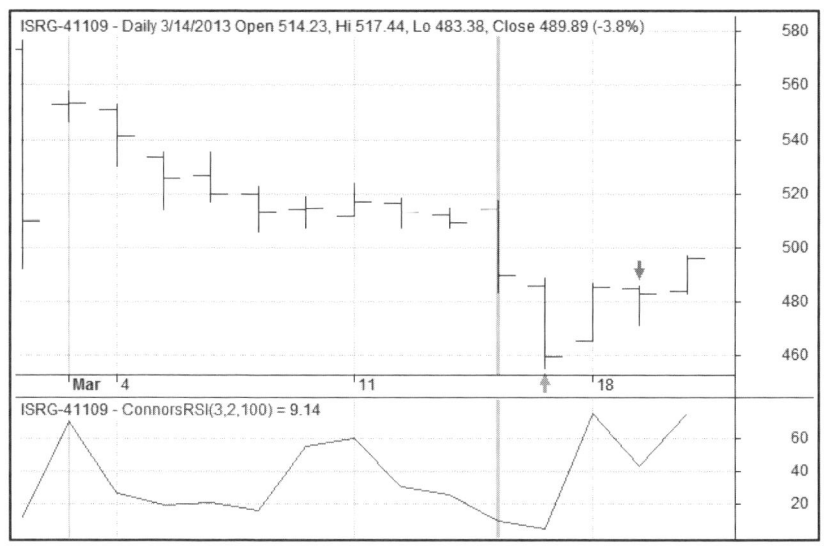

このチャートはインテュイティブ・サージカル社のもので、証券コードはISRGである。チャートの上段には日足が示されている。また、縦線は現在、選択している日で、セットアップが整った日でもある。上向きの矢印は仕掛け日、下向きの矢印は手仕舞い日を示す。下段はコナーズRSIを示す。それでは、仕掛けと手仕舞いの各条件がきちんと満たされているか、確認していこう。

ルール１は、トレード対象がＳ＆Ｐ500の構成銘柄であることを条件にしている。そして、ISRGはこの条件を満たしている。

ルール２では、セットアップの整った日のコナーズRSI（３、２、100）の値が10を下回ることを条件としているが、チャートに示された仕掛け日の値は9.14なので、これも満たしている。

ルール３は、終値がその日の値幅の安値から25％以内であるとしている。終値の位置は次のようにして計算できる。

終値の位置＝（終値－安値）÷（高値－安値）
　　　　＝（489.89ドル－483.38ドル）÷（517.44ドル－483.38ドル）
　　　　＝6.51÷34.06＝19％

セットアップのルールは３つとも満たしているので、翌日に指値注文を入れる。私たちが選んだ戦略の変数では、セットアップが整った日の終値よりも６％下に指値を入れることになっているので、指値は次のようになる。

指値＝終値×（１－終値から指値までの％）
　　＝489.89ドル×（１－0.06）
　　＝489.89ドル×0.94＝460.50ドル

チャートを見ると、セットアップが整った翌日に株価が460ドルを十分に下回ったことが分かる。そのため、460.50ドルの指値注文は約定した。

翌日の2013年３月18日に、485.52ドルで引け、コナーズRSIの値は75.33になった。これは手仕舞いの条件である70を超えているので、手仕舞うことにする。売りを示す下向きの矢印は、実際にはこの翌日の３月19日に表示されていることに注意してもらいたい。前に説明し

たように、私たちの検証では、手仕舞いのシグナルが点灯した翌日に成行注文で手仕舞った場合をシミュレーションしているからだ。この例では、手仕舞い日の平均価格は481.24ドルで、シグナルが点灯した日の終値をわずかに下回っている。そのため、翌日まで待って手仕舞うと、実は利益が少し減った。それでも、わずか2日で4.5％の利益が得られた（手数料は含まず）。

損益＝上昇分（または下落分）÷約定値
　　＝（481.24ドル－460.50ドル）÷460.50ドル
　　＝20.74ドル÷460.50ドル＝4.5％

同じ変数を用いた例をもう一つ見ておこう。次のチャートは、リンカーン・ナショナル（LNC）のもので、表示法は前のチャートと同じである。

図2　LNCのトレード

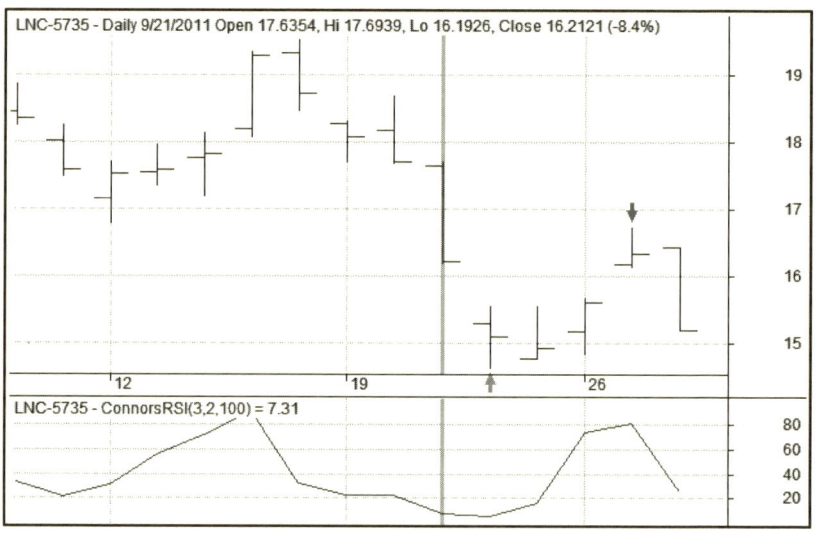

このトレードのセットアップが整ったのは2011年9月21日で、この日には、この変数の組み合わせでほかにも多くのセットアップが整った。ルール1に従い、LNCはS&P500の構成銘柄である。また、ルール2から、コナーズRSIの値は7.31であり、10以下で引けた日だった。

終値が安値から何％の位置であるかは簡単に計算できるが、チャートを見るだけでも非常に低い位置にあることが分かる。その日の値幅は1.5ドル（17.69ドル－16.19ドル）だったが、終値は安値のわずか2セント上にすぎなかった。ちょっと暗算をすれば、終値が安値から2％以下の範囲にあると分かり、チャートを見るだけで判断できた。そのため、ルール3も満たし、セットアップの条件はすべて整った。

私たちは翌日の９月22日に15.24ドルに指値を入れる。これはセットアップが整った日の終値である16.21ドルの６％下である。株価は日中に15.00ドルを下回ったので、注文は約定した。

　翌日の株価は日中に上昇するが、結局は仕掛け値を下回って引けた。面白いことに、株価が下げたにもかかわらず、コナーズRSIの値はわずかに上がった。それでも、手仕舞いの条件である70よりもずっと低い。

　９月26日にコナーズRSIの値が73.47になるまで、株価が上昇し、手仕舞いのシグナルが点灯する。その翌日に、値幅の平均である16.33ドルで手仕舞う。シグナルが点灯した日の終値は15.61ドルだったので、最初の例とは異なり、シグナルが点灯した日の翌日に手仕舞ったほうがより多くの利益を手にした。

　多くの堅牢な戦略ではこれが典型的なパターンであることが、私たちの検証で示されている。シグナルが点灯した日の終値でトレードを手仕舞う戦略と、その翌日の値幅の平均で手仕舞う戦略とを比較すると、長期的な結果は一般に極めて似ている。個々のトレードでは、どちらか一方が他方よりも良いこともあるかもしれないが、やがて、そうした差は消えることが多い。

この章の最後の例は、仕掛けと手仕舞いを素早く、かつ頻繁に行える変数を用いた戦略である。セットアップの条件では、今回もコナーズRSIの値（W）を10以下とする。しかし、終値の安値からの範囲（X）は50、指値を置く位置（Y）は2％、手仕舞いのためのコナーズRSIの値（Z）は50を用いる。

図３　MTGでの１日のトレード

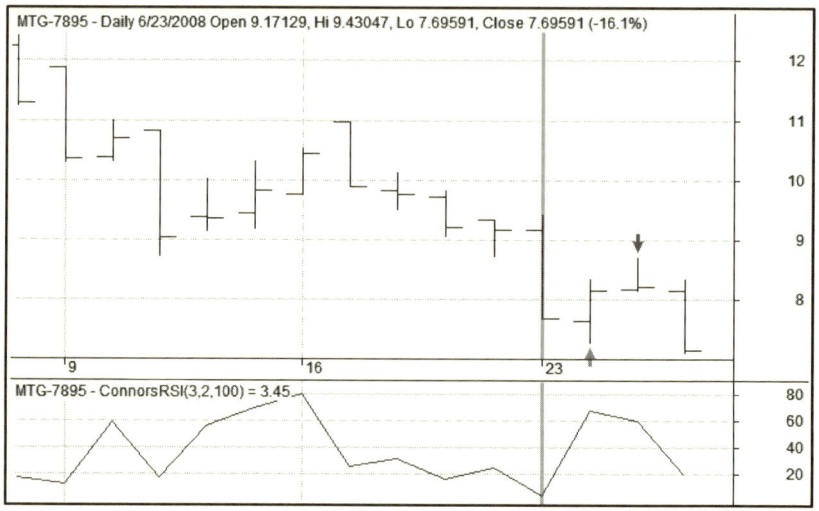

このチャートは、MGICインベストメント（MTG）のものである。この銘柄は2008年10月にS&P500から外されたが、このトレードを行った時点では、まだS&P500の構成銘柄だった。したがって、ルール１を満たしている。

コナーズRSIの値は６月23日に3.45になり、10を下回るというルール２の基準を満たし、セットアップが整った。また、終値は安値と等しいので、終値の安値からの位置はゼロになるため、ルール３も満たしている。

セットアップの基準がすべて整い、翌日に前日の終値よりも２％下

の7.55ドルに指値注文を入れる。この日の安値は7.28ドルで、指値よりも安かったので、注文は約定した。

次に何が起きたかに注意してほしい。6月24日は8.14ドルで引けて、コナーズRSIの値は68.44になった。これは手仕舞いの条件である50を超えている。そのため、翌日の値幅の平均である8.32ドルで手仕舞い、約24時間で10％以上というかなりの利益を得た。もしも手仕舞いのシグナルが点灯した翌日ではなく、当日の終値で手仕舞っていたら、このトレードを7時間以下で終えていただろう！

これでトレードの仕組みはよく分かったと思うので、異なる変数の組み合わせについて過去の検証結果を見ていこう。

第3章　検証結果

Test Results

　あるトレード戦略に従うと将来にどういう結果が得られるか、それを事前に知ることは不可能である。だが、この第１部で取り上げているコナーズRSIを利用したS&P500のトレード戦略のように完全な定量戦略では、少なくとも過去の結果がどうだったかの検証はできる。この手続きは「バックテスト」と呼ばれている。

　バックテストを実行するときにはまず、戦略を検証したい証券グループ（監視リストと呼ばれることもある）を選ぶ。ここでは、監視リストは過去と現在のS&P500の構成銘柄である。

　次に、検証する期間を選ぶ。通常、バックテストの期間が長いほど信頼性は高まり、得られる結果も役に立つ。この第１部の戦略では、2001年１月にバックテストを始めて、私たちがこれを書いている時点で最新データが得られる2013年３月まで続けた。

　最後に、全検証期間で、仕掛けと手仕舞いのルールを監視リストの各銘柄に当てはめて、仕掛けの条件を満たした変数のデータをすべて記録して集計した。

　バックテストによって得られる重要な統計のひとつは平均損益で、１トレード当たりの平均利益とも言われる。これを「エッジ」と呼ぶトレーダーもいる。平均損益は、％で表した利益と損失のすべてを、全トレード数で割った値である。次の10回のトレードを考えてみよう。

トレード番号	損益
1	1.7%
2	2.1%
3	－4.0%
4	0.6%
5	－1.2%
6	3.8%
7	1.9%
8	－0.4%
9	3.7%
10	2.6%

平均損益は次のように計算する。

平均損益＝（1.7％＋2.1％－4.0％＋0.6％－1.2％
　　　　　＋3.8％＋1.9％－0.4％＋3.7％＋2.6％）÷10

平均損益＝1.08％

　平均損益とは、投資した資金、つまり、各トレードを仕掛けるときに実際に使った資金に対する平均利益である。

　3日から10日の短期トレードでは、ほとんどのトレーダーは全トレードで0.5～2.5％の平均損益を目指している。ほかの条件がすべて同じであれば、平均損益が大きいほど口座資金は増えていくだろう。もちろん、ほかの条件がすべて同じということはけっしてない！　特に、トレード数と平均損益を合わせて見ることが重要である。各トレードを仕掛けるときにほぼ同額の資金を使うとすると、10％の利益を上げるトレードを1回行うよりも、10回のトレードを行って、1トレード当たり4％の平均利益を得るほうがはるかに儲かるだろう。

　もうひとつの重要な統計は勝率だ。これは単に、利益が出たトレー

ド数を全トレード数で割った値である。前の表では、10回のトレードのうち7回のトレードで利益が出ていて、リターンはプラスになっている。この例での勝率は7÷10＝70％になる。

　平均損益が十分に高いときでも、どうして勝率を気に掛けるのか？

　それは一般に、勝率が高いほうがポートフォリオの純資産がより滑らかに上がっていくからだ。負けトレードは「集中」して現れる傾向があり、そうなると、ポートフォリオの純資産は下がる。これはドローダウンと呼ばれている。純資産が下がると眠れなくなるか、トレードをやめようとさえ考えかねない。負けトレードが少ない、つまり勝率が高ければ、損失が集中して現れにくくなるため、ポートフォリオの純資産は激しく変動するのではなく、滑らかに拡大しやすくなる。

＊　＊　＊　＊　＊　＊　＊　＊

　それでは、コナーズRSIを利用した、S&P500のトレード戦略の検証結果を、さまざまな変数を組み合わせながら見ていこう。最初は、検証結果を平均損益が最も高い順に並べた、トップ20の変数の組み合わせを示す。

平均利益に基づくトップ20の変数の組み合わせ

トレード数	平均損益	平均保有日数	勝率	仕掛けでのコナーズRSI	終値が安値から何％の範囲にあるか	指値を前日の終値の何％下に置くか	手仕舞いでのコナーズRSI
278	16.9%	3.2	84.9%	5	25	10	70
317	15.0%	3.3	83.0%	5	50	10	70
278	14.8%	2.3	86.0%	5	25	10	50
324	14.6%	3.4	81.5%	5	75	10	70
327	14.5%	3.4	81.4%	5	100	10	70
318	13.3%	2.3	84.0%	5	50	10	50
325	12.9%	2.4	82.8%	5	75	10	50
328	12.8%	2.4	82.6%	5	100	10	50
414	12.7%	3.4	82.9%	5	25	8	70
481	11.6%	3.5	81.1%	5	50	8	70
491	11.2%	3.6	79.8%	5	75	8	70
415	11.2%	2.4	82.9%	5	25	8	50
498	11.2%	3.6	79.9%	5	100	8	70
647	11.0%	4.1	75.6%	10	25	10	70
483	10.3%	2.4	81.0%	5	50	8	50
808	10.2%	4.3	75.1%	10	75	10	70
816	10.2%	4.2	74.9%	10	100	10	70
779	10.1%	4.2	75.5%	10	50	10	70
493	9.9%	2.4	79.9%	5	75	8	50
500	9.8%	2.4	79.6%	5	100	8	50

次は各列についての説明だ。

トレード数とは、2001年1月1日から2013年3月31日の間にこの変数の組み合わせで仕掛けのシグナルが点灯した回数である。

平均損益とは、投資した資金に対して、負けトレードを含む全トレードの平均利益または平均損失を見たものである。トップ20の全変数の損益は12年余りの検証期間にプラスになっていて、10％をわずかに切るものから17％近くまでに及んでいる。平均損益を年ベースで分類すると、これら20の変数のうちの15が全13年でプラスになっている！

これもまた、戦略の整合性を示すものだ。

平均保有日数とは、平均トレード期間の日数である。どの変数の組み合わせでも、トレード期間は１週間に満たず、３日に満たない変数もある。

　勝率とは、シミュレーションをしたトレードのうちで利益が出た割合である。トップ20の変数のほとんどは75％以上の勝率であり、80％半ばに達する変数もいくつかある。多くのトレーダーが勝率60％を目指している世界にあって、これは高い勝率である。

　仕掛けでのコナーズRSIは戦略のルール２に対応する。このルールでは、指定したコナーズRSIの値を下回らなければならない。ここでは、コナーズRSIの値を５と10で検証したことを思い出してもらいたい。予想どおりかもしれないが、コナーズRSIの値が低いほうの組み合わせがリストの多くを占めている。

　終値が安値から何％の範囲内にあるかは、戦略のルール３に対応する。25の場合は最も厳しい基準である。一方、100の場合はすべての終値を含むので、ルール３は実際には除外される。

　指値を前日の終値の何％下に置くかは、戦略のルール４に対応していて、仕掛けでの指値を決めるために使われる。ここではセットアップが整った日の終値よりも２％、４％、６％、８％、10％下の指値で検証した。

　手仕舞いでのコナーズRSIとは、手仕舞いのシグナルが点灯するために超えなければならないコナーズRSIの値である。一般に、手仕舞いの基準が厳しい（つまり、手仕舞いでのコナーズRSIの値が高い）ほど、トレード期間が長くなる点に注意してもらいたい。この点については、あとの章でもっと詳しく述べる。

それでは、利益が出たトレードの比率が最も高い変数の組み合わせを見ておこう。これらは前の章で示したのと同じ変数だが、表には追加した列がある。

勝率が高いトップ20の変数の組み合わせ

トレード数	平均損益	平均保有日数	勝率	仕掛けでのコナーズRSI	終値が安値から何％の範囲にあるか	指値を前日の終値の何％下に置くか	手仕舞いでのコナーズRSI
278	14.8%	2.3	86.0%	5	25	10	50
278	16.9%	3.2	84.9%	5	25	10	70
318	13.3%	2.3	84.0%	5	50	10	50
317	15.0%	3.3	83.0%	5	50	10	70
415	11.2%	2.4	82.9%	5	25	8	50
414	12.7%	3.4	82.9%	5	25	8	70
325	12.9%	2.4	82.8%	5	75	10	50
328	12.8%	2.4	82.6%	5	100	10	50
324	14.6%	3.4	81.5%	5	75	10	70
327	14.5%	3.4	81.4%	5	100	10	70
481	11.6%	3.5	81.1%	5	50	8	70
483	10.3%	2.4	81.0%	5	50	8	50
498	11.2%	3.6	79.9%	5	100	8	70
493	9.9%	2.4	79.9%	5	75	8	50
491	11.2%	3.6	79.8%	5	75	8	70
500	9.8%	2.4	79.6%	5	100	8	50
626	9.4%	3.7	77.6%	5	25	6	70
629	7.9%	2.4	77.1%	5	25	6	50
652	9.4%	2.6	76.8%	10	25	10	50
788	8.7%	2.6	76.0%	10	50	10	50

トップ20はすべて、トレード回数の75％以上で利益を出していた！
前章で示した平均損益の説明と合わせると、この戦略が優れたエッジを有しつつ、一貫して勝率が高かったことが分かるだろう。

第4章 戦略の変数を選ぶ

Selecting Strategy Parameters

　これまでの章で、私たちは戦略の変数として検証したさまざまな値、例えば、仕掛けでのコナーズRSIの値（W）、終値が安値から何％の範囲内にあるか（X）、指値を前日の終値の何％下に置くか（Y）、手仕舞いでのコナーズRSIの値（Z）について述べてきた。この章では、読者がトレードでどの変数を使うかを決めるにあたって、考慮すべき点について述べておきたい。

　それでは、仕掛けと手仕舞いの考え方について少しばかり話そう。仕掛けのルールも手仕舞いのルールも、どれほど厳格であるか、つまり、どれほど達成するのがやさしいか、あるいは難しいかという観点から考えることができる。また、厳格さは、ルールを満たす状況がどれほど頻繁に生じるかどうかの尺度だとも言える。コナーズRSIのようなオシレーターでは、値が中間にあるよりも両極端（0と100）に近いほど厳格で、生じにくくなる。

　仕掛けのルールは厳しいほうが満たされにくいので、通常はより厳しいルールに頼る戦略ほどトレード機会は減る。堅牢な戦略であれば、トレード機会が少ないルールのほうが、平均ではたいていリターンが大きくなる。わずかに売られ過ぎの銘柄を買えば、上昇はそれほど大きくない可能性が高い。しかし、極端に売られ過ぎになるまで待てば、大幅に上昇して利益がもっと増える可能性ははるかに高くなるだろう。

31

仕掛けのルールとは対照的に、手仕舞いのルールを厳格にしても、その戦略から生じるトレード数にはほとんど影響しない。しかし、仕掛けのルールと同様に、手仕舞いのルールを厳しくするほど、通常は平均利益が増える。どうしてだろうか？　コナーズRSIを利用したS&P500のトレードのような戦略では平均回帰を利用するのだが、手仕舞いのルールが厳しいほどトレードは長く続きやすいため、この平均回帰の動きに出合う機会が増えるからだ。というわけで、仕掛けでは、トレード数を増やして、なおかつ利益も増やすことはできない。また、手仕舞いでは、トレード期間を短くしながら、1トレード当たりの利益を大きくすることはできない。

では、第1部で取り上げている戦略に戻ろう。次の表では8つの戦略を比較しているが、指値を置く位置（終値の6％下）と手仕舞いの方法（コナーズRSIが70を超える）はすべて同じである。異なるのはセットアップの条件に使う変数で、仕掛けでのコナーズRSIと終値が安値から何％の範囲内にあるかだけである。

指値の位置と手仕舞いでのコナーズRSIが一定の戦略

トレード数	平均損益	平均保有日数	勝率	仕掛けでのコナーズRSI	終値が安値から何％の範囲にあるか	指値を前日の終値の何％下に置くか	手仕舞いでのコナーズRSI
626	9.4%	3.7	77.6%	5	25	6	70
1629	5.7%	4.4	71.6%	10	25	6	70
731	8.2%	3.8	75.9%	5	50	6	70
1953	5.1%	4.5	70.1%	10	50	6	70
751	7.9%	3.8	75.5%	5	75	6	70
2061	5.0%	4.5	69.8%	10	75	6	70
761	7.9%	3.9	75.6%	5	100	6	70
2087	4.9%	4.5	69.7%	10	100	6	70

この表の上から2つの仕掛けは、仕掛けでのコナーズRSIの値を除

いて、同じ変数を用いている点に注意してほしい。初めの仕掛けはコナーズRSIの値が5で、条件が厳しい。この仕掛けでは2001年以降に626回のトレードシグナルが点灯し、平均損益は9.4％だった。2番目の仕掛けはコナーズRSIの値が10で、条件は上の仕掛けよりも緩い。点灯したトレードシグナルは1629回で、平均損益は5.7％だった。3番目と4番目、5番目と6番目、それに最後の2つの仕掛けを比べても、同じパターンが観察できる。

また、仕掛けでのコナーズRSIが同じ組み合わせのすべて、つまり、表の1、3、5、7番目を比べた場合でも、同じパターンがある。安値から終値までの範囲を広げて条件を緩くしていくほどトレード数が増える一方で、平均損益は下がっていく。同様のことは、2、4、6、8番目を比べた場合にも言える。

指値を前日の終値の何％下に置くかを除いて、すべての変数を一定にしておくときにも、当然ながら同じパターンが現れる。セットアップの条件を一定にしておくと、前日の終値よりも少なくとも6％下落する銘柄数よりも、2％以上下落する銘柄数のほうが明らかに多い。

指値を置く位置を変えた組み合わせ

トレード数	平均損益	平均保有日数	勝率	仕掛けでのコナーズRSI	終値が安値から何％の範囲にあるか	指値を前日の終値の何％下に置くか	手仕舞いでのコナーズRSI
779	10.1%	4.2	75.5%	10	50	10	70
1181	7.6%	4.3	72.8%	10	50	8	70
1953	5.1%	4.5	70.1%	10	50	6	70
3593	3.1%	4.7	68.4%	10	50	4	70
8052	1.5%	4.9	66.6%	10	50	2	70

仕掛けのルールを厳しくするほどトレード数は減るが、平均利益は高くなることが確認できた。では、手仕舞いのルールを見ることにし

よう。ここでもセットアップの条件は一定にしたが、指値を置く2つの変数に対して、異なる手仕舞いの変数を組み合わせた。

手仕舞いでのコナーズRSIの値が異なる仕掛け

トレード数	平均損益	平均保有日数	勝率	仕掛けでのコナーズRSI	終値が安値から何％の範囲にあるか	指値を前日の終値の何％下に置くか	手仕舞いでのコナーズRSI
1181	7.6%	4.3	72.8%	10	50	8	70
1196	6.5%	2.7	72.4%	10	50	8	50
3593	3.1%	4.7	68.4%	10	50	4	70
3652	2.6%	2.7	66.9%	10	50	4	50

　最初の2つの仕掛けでは両方とも、前日の終値よりも8％下に指値を置いている。前にも予想したように、トレードシグナル数は非常に似ていた。しかし、手仕舞いでのコナーズRSIに50を使う場合には平均保有日数が2.7日なのに対して、より厳しい70の値を使った場合は4.3日になった。また、予想どおりだが、平均損益は手仕舞いの条件が緩いほうがわずかに少ない。指値を前日の終値よりも4％下に置くあとの2つの仕掛けでも、同じパターンが見られる。

　この知識を押さえておけば、あなたのトレード計画に最もふさわしいトレードシグナル数や平均損益、平均保有日数が得られそうな変数を選ぶことができるだろう。

第5章　オプションを利用する

Using Options

　コナーズ・リサーチのトレード戦略シリーズでは、オプション部分の解説の大半は同じである。この戦略のセットアップにはしばしば短期間の大きな動きが含まれるからだ。私たちの考えや、オプションのプロトレーダーの友人たち（1人は30年以上の経験者）に確かめたことでは、こうした動きでトレードを行う最も良い方法がひとつある。

　オプションのトレードは、過去5年の間にマーケットで大きく成長した分野である。これは売買スプレッドが小さくなり、流動性が高まり、複雑なオプションをかつてないほど簡単にトレードできるようになったためである。

　では、ここで説明した相場の短期的な動きを利用してオプションをトレードする方法に焦点を合わせよう。ここでの戦略すべてに言えるが、シグナルが点灯したときにオプションのトレードを行うにも、明確なルールがある。

　データに基づいて言えることは、次のとおりだ。

1. 仕掛けから手仕舞いまでの保有期間の大半は非常に短かった（2～10日）。
2. 1トレード当たりの平均利益は大きく、短期の標準的な値動きを大幅に超えていた。

3．それらの値動きのかなりの割合で利益が出た。

　私たちがこの種の値動きを見るとき、多くの戦略が考えられるが、ひとつの戦略が目立って良い（これは、プロトレーダーたちも認めている）。この戦略では、期近のイン・ザ・マネーのコールを買う。
　なぜ、期近のイン・ザ・マネーのコールを買うのか？　それらが、連動する銘柄に最も近い値動きをするからだ。そして、オプションが株に近い動きをするほど、その動きが思惑どおりであれば、利益率が高くなるからだ。
　売買ルールは次のとおりだ。

1．シグナルが点灯する。
2．期近のイン・ザ・マネーのコールを買う。通常、その銘柄を500株買っているのなら、コールを5枚買う（100株はコール1枚に等しい）。
3．その株で手仕舞いのシグナルが点灯すれば、オプションを手仕舞う。

　先を進めよう。

1．イン・ザ・マネーとは具体的に何を意味するのか？
　ここでの場合、権利行使価格が原資産価格を下回る最初もしくは2番目のオプションという意味だ。その銘柄が今、48ドルで権利行使価格が5ドル刻みであれば、40ドルか45ドルのコールを買うということになる。

2．どうして期近物なのか？
　保有期間が非常に短いので、満期日が最も近いオプションでトレードを行うほうがよいからだ。ただし、期近のオプション満期日から7

日以内（つまり、第2木曜日の前かその近く）であれば、翌限月でトレードを行う。

3．ポジションを取っていて満期日を迎えたが、その株の売買シグナルがまだ有効であるときは、どうするか？

その場合は、翌限月に乗り換える。その銘柄のシグナルに合わせてトレードを行っているのなら、シグナルが有効であるかぎり、ポジションを取り続けたほうがよいからだ。

4．流動性とスプレッドについてはどうだろう？

ここでは慎重さが要求される。オプションで流動性が正確に何を意味するかについて、明確なルールはない。多くのトレーダーは目安とする最低限の出来高や建玉から流動性を判断している。

オプションが活発に取引されているとして、売買スプレッドを見よう。オプションの気配値が買い3.00ドル、売り3.30ドルであれば、スプレッドは10％である。本当に10％のスプレッドを克服して、利益を出せるだろうか？　それはありそうにない。では、気配値が買い3.25ドル、売り3.30ドルのオプションならどうだろう。これならずっと満足できて、取引可能だ。

5．株そのものではなく、コールオプションを買う利点は何だろう？

流動性があり、スプレッドも小さければ、利点は大きい。

1．投資資金に対する収益が大きくなる可能性がある。
2．縛られる資金が少なくて済む。
3．リスクにさらされる資金の比率が小さい。ある株の買いシグナルが50ドルで点灯すれば、最高で50ドルを失う可能性がある。しかし、オプションであれば、代金として支払うプレミアム以上は失わない。だから、45ドルのコールを買

えば、リスクはプレミアムだけだ。
4．柔軟性が大きい。例えば、ある銘柄の買いシグナルが50ドルで点灯して、45ドルのコール代として5.50ドルを払ったとしよう。その銘柄がすぐに上昇すれば(56ドルとしよう)、そこで選択の余地が生じる。あなたは手仕舞ってもよいし、資金のほとんどを回収したうえで、50ドルのコールに乗り換えてもよい。価格がそのまま上昇し続けると思っているのなら、これはほとんどリスクなしのトレードになる。

このような例は無数にある。そして、この種の戦略を用いる機会に関しては、オプションに関するほとんどの本に載っている。しかし、特殊なオプションのトレードや、単にコールを買う以外のトレードは、私たちが質問した多くの専門家のアドバイスに反する。

結論として、オプションは株そのものを買う代わりの良い選択肢になる。私たちの戦略でのトレード法では、期近のイン・ザ・マネーを使い、株のトレードと等しいサイズ（100株につき１枚のオプション）で仕掛けて、株で手仕舞いのシグナルが点灯したときに手仕舞う。

多くの専門家の意見によると、このオプション戦略は、それらのシグナルで過去のデータを見たときに、最も優れていて最も効率的な戦略である。

第6章 終わりに

Additional Thoughts

1. 第1部で分かったように、コナーズRSIを利用したS&P500のトレード戦略を一貫して用いれば、エッジ（優位性）が大きいことがデータで示された。
2. あなたが使える組み合わせは文字どおり、何十通りもある。ルールで述べた変数を調整すれば、その戦略を自分のトレードに合わせて変えることができる。トレード数を増やしたければ、仕掛けでのコナーズRSIの値が大きい変数か、安値から終値までの幅が大きい変数を見ればよい。平均リターンを大きくしたければ、最も厳しい仕掛けの基準（コナーズRSIの値が小さく、指値を前日の終値よりも遠くに置く変数）と、最も長い保有期間（コナーズRSIの値が70を超えたときに手仕舞う方法）を持つ変数の組み合わせを調べるとよい。仕掛けと手仕舞いを素早く行い、トレードを翌日に持ち越すリスクを減らして資金をほかのトレードに振り向けられるようにしたいのであれば、コナーズRSIの値が50を超えたときに手仕舞う変数を使うとよい。
3. 損切りのストップ注文についてはどうだろうか（これに対する答えはすべての戦略ガイドブックで取り上げている）。

　　私たちは、『**コナーズの短期売買入門**』（パンローリング）を含めた出版物で、ストップ注文についてのリサーチを発表してきた。

私たちが発見したことは、損切りのストップ注文を置くとパフォーマンスが落ちやすく、多くの場合、エッジがまったく消えるということだった。たしかに、買った銘柄が下げ続けたときに、ストップ注文で損切りできれば気分が良い。一方で、多くの短期トレード戦略について最大20年の検証をした結果では、ストップを置くと頻繁に損切りをさせられて、多くの損失が積み重なっていくことが示されている。ほとんどのトレード戦略では、こうした損失の蓄積を克服できない。

多くのトレーダーは損切りのストップを必ず置かなければならない。そうすることで、彼らは特に難しいトレードでも心理的に受け入れることができるからだ。ストップを使うかどうかは、自分で決めるべきことだ。だが、概して言えば、ストップを置くと、ここで紹介した戦略やほかの多くの短期戦略で得られるエッジは低くなる。繰り返すが、ストップを置くかどうかは、あなた自身が決めるべきことだ。私たちはどちらの手法を使うトレーダーにも、成功者がいることを知っている。

4. 検証では、スリッページと手数料は考慮に入れていない。それらを考慮に入れて(仕掛けでは指値を使っているので、スリッページは問題にならない)、取引費用が可能なかぎり最低になるようにしよう。

現在では、ほとんどの証券会社において、1株当たり1セント以下で取引できる。だから、特にあなたが活発にトレードをするのなら、自分にふさわしい証券会社を選ぼう。オンライン証券会社はあなたと取引をしたがっている。

このコナーズ・リサーチ社のトレード戦略シリーズを楽しんでいただけていたら幸いである。この戦略について質問があれば、遠慮なく電子メール(info@connorsresearch.com)を送っていただきたい。

付録 ── コナーズRSIの計算法

　1990年代半ばから、ラリー・コナーズとコナーズ・リサーチ社は定量的トレード戦略の開発、検証、出版をしてきた。この間に、私たちはさまざまなテクニカル指標を数多く検討して、将来の値動きをどれほど効果的に予測できるかを評価した。私たちはさらに1歩を進めて、コナーズRSIという指標を自ら考案した。この章で紹介したコナーズRSIについて述べ、その計算法を詳しく説明する。

　コナーズRSIは3つの要素を合成した指標である。3つの要素のうちの2つは1970年代にウエルズ・ワイルダー・ジュニアが考案し、『**ワイルダーのテクニカル分析入門**』（パンローリング）で発表したRSI（相対力指数）の計算法を利用している。そして、3つ目の要素は最近の値動きを0～100の尺度でランク付けする。これら3つの要素を合わせると、モメンタムオシレーターになる。つまり0～100の間を変動する指標で、ある証券が買われ過ぎの水準（高い値）にあるか、売られ過ぎの水準（低い値）にあるかを示す。

　コナーズRSIの計算法について述べる前に、ワイルダーのRSIについて説明しておこう。RSIは非常に有用で人気があるモメンタムオシレーターで、計測期間における上昇幅と下落幅を比較する、ワイルダー自身は14期間が理想的な計測期間だと信じていた。私たちは14期間RSIを簡単に表すために、しばしばRSI（14）と記す。次の公式では、一連の値動きについてRSI（14）を計算している。

RSI ＝ 100 － 100 ÷（1 ＋ RS）

RS ＝ 平均上昇幅 ÷ 平均下落幅

> 平均上昇幅＝［(直近の平均上昇幅)×13＋今日の上昇幅］÷14
> 最初の平均上昇幅＝過去14期間で上昇した日の上昇幅の合計÷14
>
> 平均下落幅＝［(直近の平均下落幅)×13＋今日の下落幅］÷14
> 最初の平均下落幅＝過去14期間で下落した日の下落幅の合計÷14
> (「下落」も絶対値で示される)
>
> RS＝X日間で上昇した日の値幅の平均÷
> 　　　　X日間で下落した日の値幅の平均

　RSIを計算する期間をNに変えたければ、上の公式の14をNにして、13をN－1にする。計算にどういう期間を使おうと、結果は常に0から100の値を取る。RSI（14）を使うトレーダーは通常、値が70以上だと買われ過ぎとみなし、30以下だと売られ過ぎとみなす。

　これまでの私たちのリサーチによると、RSIは計測期間を短くするほど、短期の値動きを効果的に予測できる。私たちはRSI（2）を利用する多くの戦略や、RSI（3）とRSI（4）を使ういくつかの戦略を発表してきた。期間を変えると、買われ過ぎや売られ過ぎの状況を最もよく示すRSIの水準も変わる。例えば、RSI（2）では通常、10以下が売られ過ぎの指標として信頼できるし、90以上であれば買われ過ぎの良いベンチマークになる。

それでは、コナーズRSIに戻ろう。すでに述べたように、コナーズRSIは3つの要素を合わせた指標であり、想像できるように、それらはすべて私たちのリサーチでかなりの予測力があることが繰り返し示されている。

価格のモメンタム　すでに述べたように、RSIは価格のモメンタム、すなわち、買われ過ぎと売られ過ぎの水準を測る優れた指標である。コナーズRSIの初期設定では、証券の日次ベースでの終値を使って3期間RSIを計算する。私たちはこの値をRSI（終値、3）と記す。

上昇・下落トレンドの期間　ある銘柄の今日の終値が昨日の終値よりも安いとき、「下げて引けた」と言う。さらに、昨日の終値が2日前の終値よりも安かったら、終値は2日「連続で」下げている。私たちのリサーチによると、連続して下げる期間が長いほど、株価が平均に戻るときに大きく上げやすい。同様に、連続して上げる期間が長いほど、株価が平均回帰するときに大きく下げる。連続期間は事実上、買われ過ぎ・売られ過ぎの指標のひとつと言える。

　問題は理屈からすれば、上昇も下落も何日でも続く可能性があるということだ。もっとも、過去の経験に基づいて現実的な上限や下限を設定することはできるだろう。例えば、20日以上続けて上昇や下落したことはほとんどなかった、ということに気づくかもしれない。しかし、それでも、典型的なオシレーターのように、0～100の間を変動する値にはできない。

　これに対する解決法は2段階に分かれる。まず、連続した日数を数えるときに、上昇が続いたときにはプラスの値、下落が続いたときにはマイナスの値を使う。簡単な例で説明しよう。

日	終値	連続期間
1	$20.00	
2	$20.50	1
3	$20.75	2
4	$19.75	-1
5	$19.50	-2
6	$19.35	-3
7	$19.35	0
8	$19.40	1

　2日目の終値は1日目の終値よりも高いので、連続して1日上げている。3日目も再び上げて引けたので、2日連続で上げて、連続期間の値は2になる。

　4日目の終値は下げたので、連続して下げた日は1日である。上昇ではなくて下落なので、連続期間の値はマイナス（－1）になる。5、6日目も下落が続いたので、連続期間の値は－2と－3になる。7日目の終値は変化がないので、連続期間の値は0になり、終値が上げも下げもしなかったことを示す。最後の8日目には終値が再び上げて、連続期間の値は1に戻る。

　解決法の次の段階では、RSIの計算法を連続期間の値に当てはめる。初期設定では、コナーズRSIはこの部分の計算に2期間RSIを使い、RSI（連続、2）と表示する。すると、連続して上昇するほど、RSI（連続、2）の値は100に近づく。逆に、連続して下落するほど、RSI（連続、2）の値は0に近づく。これで、同じ0～100の尺度を使うRSI（終値、3）とRSI（連続、2）という2つの要素が得られた。これらから、評価したい証券が買われ過ぎか売られ過ぎかの見通しが得られる。

価格変化の相対的な順位　コナーズRSIの3つ目の要素では、前日の価格変化と比べた今日の価格変化の順位を見る。そのために、パーセ

ントランクの計算を用いる。これは「百分率」と呼ばれることもある。基本的に、パーセントランクの値は、計測期間に現在の値がそれよりも小さい値から何パーセントの位置にあるかを示す。

この計算では、金額ではなく前日の終値との変化率を測る。この上昇率か下落率は通常、前日比騰落率と呼ばれている。例えば、昨日の終値が80.00ドルで今日の終値が81.60ドルだったら、前日比騰落率は、(81.60ドル − 80.00ドル) ÷ 80.00ドル = 0.02 = 2.0%になる。

パーセントランクを計算するためには、計測期間を決める必要がある。そして、計測期間で現在の値よりも小さい値の数を、値の全数で割ると、パーセントランクの値が求められる。例えば、計測期間が20日ならば、今日の2.0%の上昇率を、直近20日のそれぞれの前日比騰落率と比較する。それらの値のうちで、3つが2.0%に満たないとする。その場合、パーセントランクの計算は次のようになる。

パーセントランク = 3 ÷ 20 = 0.15 = 15%

コナーズRSIで使う、初期設定のパーセントランクの計測期間は100で、パーセントランク(100)と記す。私たちは今日のリターンを直近100のリターン、あるいは約5カ月の過去の値動きと比較している。繰り返すが、上昇率が大きいほど、パーセントランクの値は100に近くなる。そして、下落率が大きいほど、パーセントランクの値は0に近くなる。

コナーズRSIの最後の計算は、これら3つの要素の平均を求めるだけだ。そこで、初期設定のパラメータを使うと、次の公式が得られる。

コナーズRSI(3、2、100) = [RSI(終値、3)
　　　　+ RSI(連続、2) + パーセントランク(100)] ÷ 3

結果として得られる指標は非常に強力で、３つの要素のどれを単独で使うよりも効果的だ。また、ほとんどの場合、それら３つの要素を独立して組み合わせるよりも効果がある。

第2部

連続上昇・連続下落を利用した高勝率トレード

High Probability Trading With Multiple Up and Down Days

第1章 はじめに

Introduction

　コナーズ・リサーチ社はマーケットの実際の動きを、データに基づいて数多く明らかにしてきた。これまでの検証によって、トレーダーのパフォーマンスを向上できるルールがいくらか特定できた。それらのルールには次のようなものがある。

- 押しでの買いは利益をもたらす戦略の基礎になる。
- 日中にさらに下げたときに買えば通常、1トレード当たりの平均利益は増えるが、トレード数は減る。カギは、これら2つの要素のバランスをどう取るかにある。
- 短期的に買われ過ぎのときには、空売りをすること。
- 日中にさらに上げたときに空売りをすれば通常、1トレード当たりの平均利益は増えるが、トレード数は減る。この場合も、カギは、これら2つの要素のバランスをどう取るかにある。
- 現在の値動きに合わせた、臨機応変な手仕舞いをすること。このルールはここで紹介する戦略を学べば分かる。このルールを理解したら、ほかのトレードシステムでもそれを使えるようになる。

　連続上昇・連続下落を利用した高勝率トレードの戦略を学べば、これらのルールを定量化して実行できるようになる。

売買ルールの定量化をしないかぎり、トレード戦略の本は「安く買って、高く売れ」と言っているにすぎない。そんなアドバイスは、ほとんどのトレーダーにとって意味がない。私たちは押しを厳密に定義することによって、いつが安値かを特定することができることを発見した。短期的に安値を付けたところで買えば、利食いをして次のトレード機会に移ることができる。

　空売りは高値で売って安値で買い戻すときに利益になる。この単純なアイデアをトレードシステムで実行できることは、検証によって確認済みである。

　システムトレーダーはシステムのルールに従わないかぎり、成功できない。しかし、トレーダーにとって、これはつらいこともある。ルールに従うには規律が必要であり、規律の真価は負けが続くときに問われるからだ。ここで説明するような高勝率のトレード戦略を用いると、負けのトレード数が減るので、システムのルールにも従いやすくなるはずだ。以降の章では、連続上昇・連続下落を利用した戦略を過去データで検証すると、その検証期間中は勝率80％以上だったことが分かった。

　この戦略は、ETF（本書で「ETF」という言葉を使うときは、ETF＝上場投資信託とETN＝指標連動証券の両方を指している）に短期的な平均回帰の動きがあることを利用する。価格の平均は短期移動平均線である。ある銘柄が売られ過ぎになると、平均を大きく下回っているので、平均（短期移動平均線）に向かって上昇しやすい。買われ過ぎの銘柄は短期間で比較的大きく上昇しているので、短期的に平均に向かって下げやすい。

　私たちはETFが売られ過ぎか買われ過ぎになったときをカンで判断するのではなく、それらを定量化して定義したうえで、ETFが売られ過ぎか買われ過ぎになったあとに、何が起きるかを検証した。平均回帰戦略を用いたときの勝率の高さには、驚くトレーダーもいるだ

ろう。

　この戦略では、生じる確率が高い小さな値動きを狙う。１週間ほどで２～５％という小さな利益でも、規律を守るかぎり、やがては大きな利益に膨れ上がる。

　読者はおそらくご存じだと思うが、ETFがトラックしているのは、金などの単独の商品や農作物などの商品バスケットの指数、S&P500などの株価指数、金融などのセクター、日本やブラジルなどの特定の国や「新興国市場」などの複数の国である。株式ETFに共通する特徴は、各社に特有のリスクの非常に多くが分散投資によって取り除かれる傾向があるという点だ。投資対象を分散することで、ETFのリターンは平準化する。つまり、価格の変動は小さくなりがちになる。

　ETFの価格が売られ過ぎの状態から上昇するときに変動が小さいということは、上昇率が小さいということを意味する。それでは、一般に特定の会社の株よりも値動きが小さい銘柄を、どうしてトレードしたいのだろうか？　答えは「一貫性」にある。適切なトレードルールを用いれば、私たちのトレードは勝率が高いので、長期的には安定して素晴らしい利益が得られるのだ。

　コナーズ・リサーチ社の戦略シリーズを今回も楽しんでいただければ幸いである。

第2章 空売りの仕組み

Shorting Mechanics

　連続上昇を利用したトレードのセットアップでは、短期的に下げやすいETFを見つける。この下落から利益を得るためには、ETFを空売りすればよい。

　個人投資家の多くは、けっしてETFの空売りをしない。これはたいてい、個人投資家の多くが単に空売りの仕組みを十分に知らないためである。この章では、初めて空売りをする前に頭に入れておくべき基本について、少し説明しておきたい。

　私たちはだれでも、最初に何かを買い、あとでそれを売るやり方にすっかり慣れている。たしかに、これは住宅、自動車、美術品、貴金属など、一生に行うほとんどの主な投資に当てはまる。しかし、特定の金融取引ではこの手順を逆にして、買う前に売ることが許されている。ETFの場合、これはショートセリング（空売り）と言われるか、時にはショートと略して呼ばれる。

　株であれETFであれ、株式市場のあらゆる取引は、売り手の株かETFと引き換えに、自分のお金か証券会社から借りたお金を渡す買い手を必要とする。では、空売りをする人は株やETFを実際には持っていないのに、どうやってこの取引を行えるのだろうか？　買い手が信用取引口座を使って、証券会社から事実上お金を借りることができるように、空売りでの売り手も証券会社から株やETFを借りるこ

とができるのだ。自分の証券会社が空売りのために貸株をする気があれば、取引プラットフォームのそのETFには「Easy to Borrow（借株が容易）」か、単にETBと表示されているのが普通だ。「Hard to Borrow（借株が難しい）」かHTBと表示されているETFはまったく借りることができないか、取引している証券会社の担当者に電話をする必要があるかもしれない。

空売りを手仕舞うときは、ポジションをカバーする（買い戻す）と言う。これはETFを買う（つまり、ETFと引き換えにお金を渡す）ことだが、手に入ったETFは自分の口座にはとどまらない。それは空売りをしたときに借りたETFを返済するために、証券会社に渡るからだ。

証券会社によって、借株ができるETFは異なることもある。この点は注意しておく必要がある。流動性が非常に高いETFはおそらく、どこの証券会社でも簡単に借りられるが、流動性が低いETFは証券会社によって異なることもあるだろう。あなたが空売りをしたい銘柄が現在の証券会社ではいつも借りられないのであれば、ほかの証券会社に口座を開設することを考えたほうがよい。

空売りをするときには、取引先の証券会社から株を貸してもらうために信用取引口座を開設しなければならない。IRA（個人退職年金）や401k（確定拠出型年金）、あるいはその他の現金預託口座に保有しているETFを空売りすることはできない。また、信用取引と同じく、借株をすれば証券会社に利息を支払う必要がある。

ETFを1口100ドルで買ったときの最大リスクは、支払った100ドルに限られる。価格はゼロ以下には下がらないからだ。しかし空売りでは、理屈上、価格に上限はないので、ETFを空売りしたときのリスクは無限に大きくなる可能性がある。空売りをしているときに価格が上昇すれば、買い戻すのに十分なだけの担保（現金やその他の証券）を証券会社から要求されるということを心得ておこう。これは信用取

引で買ったときの証券会社の行為と極めて似ている。

　心得ておくべきもうひとつの点は、空売りをすると配当金を支払う必要があるということだ。例えば、私が証券会社からETFを借りて、1口50ドルで空売りをしたとしよう。数日後に、そのETFの運用会社が新しい所有者に1口1ドルの配当金を支払えば、ETFの価格は1ドル下落するだろう。しかし、証券会社はしばらくの間、私にそのETFを貸しただけなので、彼らは依然としてそのETFを所有している。彼らも1口当たり1ドルの配当金を受け取ろうと思っているので、私の口座からその額を引き落とす。もちろん、私が1口50ドルでETFを空売りして、数日後に1口49ドルで買い戻せば、その取引で1口当たり1ドルの利益を得るので、それで配当金を払う額と相殺できる。つまり、ETFの運用会社が配当金を払って、ETFの相場が同じ額だけ下げたら、空売りをした人に実質的な影響はないということだ。ただし、口座からは現金が引き落とされるが、空売りの含み益はそのETFを買い戻すまで手に入らない。

　空売りに関する基本のいくつかを説明したので、戦略のルールに移ろう。

第3章 戦略のルール

Strategy Rules

　連続上昇・連続下落を利用した高勝率トレード戦略の基礎となる考えは、直近数日間で急騰か急落したETFを見つけるということだ。直近数日間に下げたETFが日中にさらに下げたら、私たちはETFを買う。直近数日間に上げたETFが日中にさらに上げたら、ETFを空売りする。

　買いでも空売りでも、平均回帰が生じるまで待ってから手仕舞う。

　この戦略では、セットアップ、仕掛け、手仕舞いという単純な3段階でトレードを行う。次に、各段階のルールを詳しく述べよう。

　連続下落のセットアップが整うのは、次の条件すべてが満たされたときである。

1. 直近21日間（約1カ月）でのETFの1日の平均出来高が少なくとも12万5000口ある。
2. 直近21日間での1日の最低出来高が少なくとも5万口ある。
3. 今日、ETFが5日移動平均線の下で引ける。
4. 直近N日のうちのN－1日で、今日の終値が前日の終値よりも安い。ここで、N＝4、5、6、7、8のいずれかである。これは、直近4日のうちで少なくとも3日か、5日のうち4日、6日のうち5日、7日のうち6日、8日のうち7日で、終値が前日よりも

下げているという意味である。
5．今日、ETFが200日移動平均線を超えて引ける。

　私たちはルール5を使った場合と使わなかった場合の両方で検証を行う。この検証結果では、終値が200日移動平均線を上回ることを条件にすると、トレード数は減るが勝率は上がるだろう。一方、この条件を外すと、トレード数が増えてトレード機会が増えるので、総利益も増える可能性がある。勝率が高い場合は、どんな相場つきでも同じシステムでトレードができる確率も高まるだろう。
　前日にセットアップが整っていたら、仕掛けは次のように行う。

6．ETFを買うために、昨日の終値よりもY％下に指値を置く。ここで、Yは2、4、6、8、10のいずれかを使う。

　仕掛けたあとは、次の方法から事前に選んでおいたひとつを用いて手仕舞う。

7a．コナーズRSIの値が50を超えて引ける。
7b．コナーズRSIの値が70を超えて引ける。
7c．ETFの終値が3日移動平均を超えている。
7d．ETFの終値が5日移動平均を超えている。
7e．ETFの終値が前日の終値よりも高い。私たちは通常、この手仕舞いを「終値で見て初めて上げた日」と称する。

　各ルールをもう少し詳しく見て、どうしてそれらを戦略に含めるのかを説明しよう。
　ルール1とルール2によって、流動性が非常に高いために売買が容易で、売買スプレッドが狭いために取引コストが安いETFを仕掛け

ることができる。

　ルール３によって、短期的な下降トレンドにあり、上昇が期待できる銘柄を特定できる。

　ルール４によって、Ｎ日間連続して下げたところを見極める。ETFが長期にわたって一方向に動くことはめったにない。そのため、数日間連続して下げると、短期的に上昇する兆候であることが多い。

　ルール５によって、長期上昇トレンドかを確認する。

　ルール６によって、最適な価格で買うことができる。セットアップのルールによって売られ過ぎの銘柄を特定する。そして、この仕掛けのルールで、日中にさらに売られ過ぎになるまで待つ。

　ルール７は明確な手仕舞い法を示す。定量化され、体系だっていて、規律がある手仕舞いのルールを持つ戦略はほとんどない。ルール７で示した手仕舞いの明確な変数は、過去７年半以上の検証結果で裏付けられたものだ。ほかの戦略のすべての変数と同じく、私たちは使う手仕舞い法を事前に決めておき、トレードでそのルールを一貫して用いる。

　ルール７ａとルール７ｂでは、コナーズRSIの値を使って手仕舞いを定義する。私たちの過去の戦略の多くでは、２日RSIを使って売られ過ぎや買われ過ぎの銘柄を特定していた。最近のリサーチによると、コナーズRSIのほうがもっと効果的な指標であることが分かった。コナーズRSIについてなじみのない人は、第１部の付録を参照してもらいたい。

　検証では、手仕舞いのシグナルが点灯した日の大引けに、すべてのトレードを手仕舞っている。これが不都合であれば、翌朝の寄り付き近くで手仕舞えばよい。私たちのリサーチによると、それでも通常は同様の結果が得られる。

　では、典型的なトレードがチャート上でどう見えるかを確認しておこう。

次の例では、セットアップが整った日に、直近7日のうちの少なくとも6日で終値が下げていることを条件とする変数を使っている。また、ETFの終値は5日移動平均線を下回り、200日移動平均線を上回っている必要がある。指値注文は、セットアップが整った日の終値よりも2％下に置く。そして、ETFが5日移動平均線を超えて引けたときに手仕舞う。前に説明した戦略ルールに即して言えば、N＝7、Y＝2で、手仕舞いは7ｄの定義に従う。

図1　MAXIS日経225ETF（NKY）のトレード

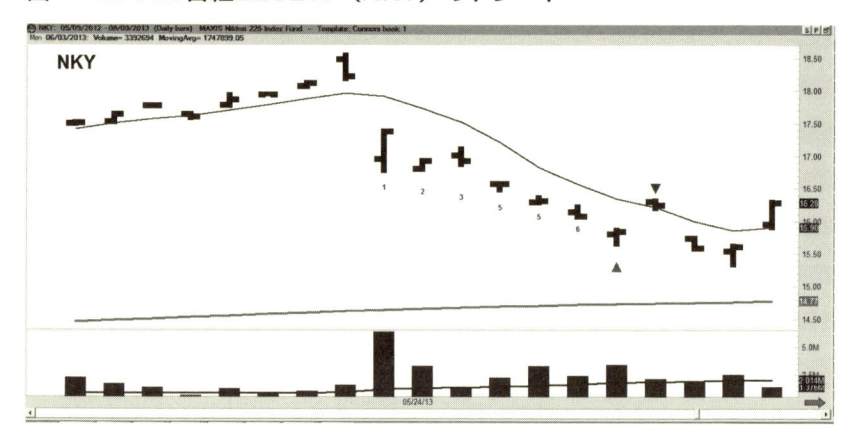

このチャートはMAXIS日経225ETFのもので、証券コードはNKYである。チャートの上段には、日足と5日移動平均線が記されている。日足よりも下にある線は200日移動平均線である。日足の下に記した小さい数字は下落した日数を表す。上向きの矢印は仕掛け日を、下向きの矢印は手仕舞いのルールが整った日を示す。

出来高の21日平均は175万口であり、最低条件の12万5000口を大きく超えているので、ルール1を満たしている。

セットアップが整う前の21日間で最低出来高（1日）は28万3000口で、最低条件である5万口を優に超えて、ルール2も満たしている。

ルール3は、終値が5日移動平均を下回ることを条件にしている。セットアップが整った2013年5月31日は、16.05ドルで引けた。これは今日の5日移動平均である16.75ドルを下回っている。

セットアップが整う日までに、6日間連続して下げて引けたので、ルール4も満たしている。このルールは直近7日間のうちの6日で、前日よりも終値が下げていることを条件にしている。6日連続の下落はこの条件を満たしている。連続して下落した日数はこのチャートに示している。

ルール5では、終値が200日移動平均の値を超えることを条件としている。この銘柄はセットアップが整った日に16.05ドルで引けた。これはその日の200日移動平均である14.72ドルを超えている。

セットアップのルールは5つとも満たしているので、翌日の6月3日に指値注文を入れる。私たちが選んだ戦略の変数では、セットアップが整った日の終値よりも2％下に指値を入れることになっているので、指値は次のようになる。

指値＝終値×（1－終値から指値までの％）
　　＝16.05ドル×0.98＝15.73ドル

6月3日に15.62ドルまで下げたので指値注文は約定し、15.73ドルでETFを買う。

翌日の6月4日には、手仕舞いのシグナルである5日移動平均線（チャートで上の曲線）を超えて引けた（ルール7ｄ）。私たちは終値の16.24ドル近くで手仕舞い、このトレードで手数料を別にして、3％をわずかに上回る利益を得た。

損益＝上昇分（または下落分）÷約定値
　　＝（16.24ドル－15.73ドル）÷15.73ドル

＝0.51ドル÷15.73ドル＝3.2％

　では、これとはわずかに異なる変数を用いた例を見よう。こちらの例では、セットアップが整った日までに、5日連続して下げていることを条件にする。また、5日移動平均も下回っていなければならない。だが、200日移動平均線を超えているという条件は外す。指値注文は、セットアップが整った日の終値から2％下に置く。手仕舞いは終値で見て初めて上げた日に行う。これは終値が仕掛け値を初めて超えた日である。前に説明した戦略ルールに即して言えば、N＝6、Y＝2で、手仕舞いは7eの定義に従う。
　次のチャートは、マーケット・ベクターズ金鉱株ETF（GDX）のもので、表示法は前のチャートと同じである。

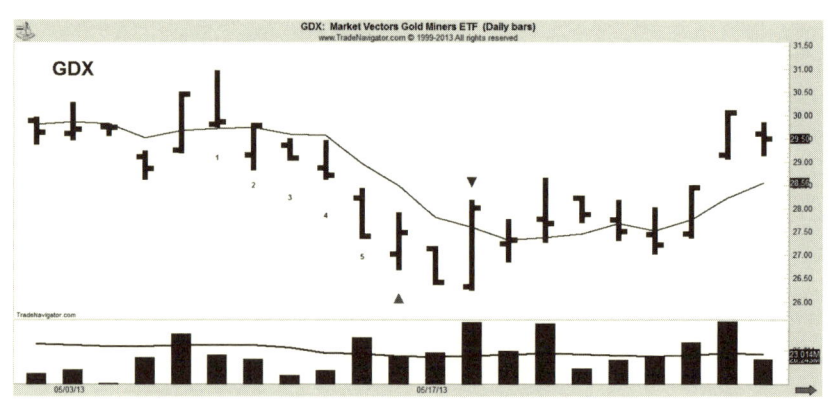

図2　マーケット・ベクターズ金鉱株ETF（GDX）のトレード

　このトレードのセットアップが整った日は2013年5月15日だった。ルール1に従い、直近21日間での平均出来高は12万5000口を超えている。また、ルール2に従い、直近21日間での最低出来高は5万口を超えている。これで、流動性の条件は満たしている。

この銘柄は５日移動平均の28.96ドルを下回って、27.40ドルで引けたので、ルール３も満たしている。また、５日連続して下げて引けたので、ルール４も満たしている。このルールでは直近６日間のうちの少なくとも５日で終値が下げていることが条件だった。この例では、200日移動平均線を超えること（ルール５）は条件にしていない。

　セットアップの条件はすべて満たしたので、翌日に指値注文を出す準備が整った。終値は27.40ドルだったので、ルール６に従って、26.85ドル（27.40ドル×0.98）に指値を置く。

　５月16日の日中に26.68ドルの安値を付けたが、これは指値を下回っているので、注文は約定した。

　翌日の終値は26.38ドルで、前日の終値である27.48ドルをまだ下回っているので、手仕舞いのシグナル（ルール７ｅ）は点灯しない。５月18日には前日の終値よりも高い28.02ドルで引けた。これは仕掛けて初めて終値で上げた日なので、手仕舞いのシグナルが点灯する。

　このトレードを実際に行っていたら、手数料を別にして約4.4％の利益が得られただろう。

　これで、連続下落を利用した買いトレード戦略はよく理解できたと思うので、連続上昇を利用した空売りトレード戦略のルールを見ることにしよう。

　連続上昇のセットアップでは、買われ過ぎになっていて短期的に下落しそうなETFを見極める。数日間連続して上げたETFが日中にさらに上げたら、空売りをする。

　この戦略でも、セットアップ、仕掛け、手仕舞いという単純な３段階でトレードを行う。次に、各段階のルールを詳しく述べよう。

　連続上昇のセットアップは次の条件のすべてが満たされたときに整う。

1．直近21日間（約1カ月）でのETFの1日の平均出来高が少なくとも12万5000口ある。
2．直近21日間での1日の最低出来高が少なくとも5万口ある。
3．今日、ETFが5日移動平均線を超えて引ける。
4．直近N日のうちのN－1日で、今日の終値が前日の終値よりも高い。ここで、N＝4、5、6、7、8のいずれかである。これは、直近4日のうちの少なくとも3日で、終値が前日よりも上げているという意味である。
5．今日、200日移動平均線よりも下で引ける。

　私たちはルール5を使った場合と使わなかった場合の両方で検証を行う。終値が200日移動平均線を下回ることを条件にすると、トレード数は減るが勝率は高まる。一方、この条件を外すと、トレード数が増えてトレード機会が増えるので、総利益も増える可能性がある。勝率が高い場合は、どんな相場つきでも同じシステムでトレードができる確率も高まるだろう。

　前日にセットアップが整っていたら、仕掛けは次のように行う。

6．ETFを空売りするために、昨日の終値よりもY％上に指値を置く。ここで、Yは1、2、3、4、5のいずれかを使う。

　仕掛けたあとは、次の方法から事前に選んでおいたひとつを用いて手仕舞う。

7ａ．コナーズRSIの値が50を下回って引ける。
7ｂ．コナーズRSIの値が30を下回って引ける。
7ｃ．ETFの終値が3日移動平均を下回っている。
7ｄ．ETFの終値が5日移動平均を下回っている。

7e．ETFの終値が前日の終値よりも安い。私たちは通常、この手仕舞いを「終値で見て初めて下げた日」と称する。

　各ルールをもう少し詳しく見て、どうしてそれらを戦略に含めるのかを説明しよう。

　ルール1とルール2によって、流動性が非常に高いために売買が容易で、売買スプレッドが狭いために取引コストが安いETFを仕掛けることができる。

　ルール3によって、短期的な上昇トレンドにあり、下落が期待できる銘柄を特定できる。

　ルール4によって、N日間連続して上昇した銘柄を見極める。ETFが長期にわたって一方向に動くことはめったにない。そのため、価格が数日間連続して上げると短期的に下落する兆候であることが多い。

　ルール5によって、長期下落トレンドであることを確認する。

　ルール6によって、最適な価格で仕掛けることができる。セットアップのルールによって買われ過ぎの銘柄を特定する。そして、仕掛けのルールで、日中にさらに買われ過ぎになるまで待つ。

　ルール7は明確な手仕舞い法を示す。定量化され、体系だっていて、規律がある手仕舞いのルールを持つ戦略はほとんどない。ルール7で示した手仕舞いの明確な変数は、過去12年以上の検証結果で裏付けられたものだ。ほかの戦略のすべての変数と同じく、私たちは使う手仕舞い法を事前に決めておき、トレードでそのルールを一貫して用いる。

　ルール7a、ルール7b、ルール7cでは、コナーズRSIを使って手仕舞いを定義する。コナーズRSIについてなじみのない人は、第1部の付録を参照してもらいたい。

　検証では、手仕舞いのシグナルが点灯した日の大引けに、すべてのトレードを手仕舞っている。前に述べたように、翌朝に手仕舞っても似た結果が得られる。

それでは、典型的な空売りがチャート上でどう見えるかを確認しておこう。

次の例では、セットアップが整う日までに4日間連続して上昇することを条件にする変数を使う。これは直近5日のうち少なくとも4日で、前日の終値よりも高く引けるという意味である。また、終値は5日移動平均も超える必要がある。この例では、終値が200日移動平均線を下回ることを条件にしていない。指値注文は、セットアップが整った日の終値の2％上に置く。そして、コナーズRSIが30を下回ったら手仕舞う。前に説明した戦略ルールに即して言えば、N＝5、Y＝2で、手仕舞いは7ｂの定義に従う。

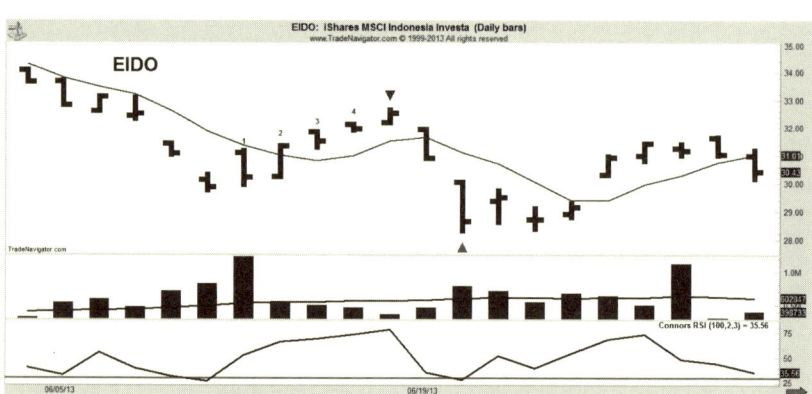

図3　iシェアーズMSCIインドネシアETF（EIDO）のトレード

このチャートは、iシェアーズMSCIインドネシアETFのもので、証券コードはEIDOである。チャートの上段には、日足と5日移動平均線が記されている。日足の上に記した小さい数字は上昇した日数を表している。出来高はチャートの中段に、出来高の21日移動平均線と共に表示されている。コナーズRSIはチャート下段の線で示されてい

る。下向きの矢印は空売りをした日を、上向きの矢印は手仕舞いのルールが整った日を示している。

　出来高の21日平均は56万1000口であり、最低条件の12万5000口を大きく超えているので、ルール1を満たしている。

　セットアップが整う前の21日間での最低出来高（1日）は31万2000口であり、最低条件の5万口を優に超えているためルール2も満たしている。

　ルール3では、終値が5日移動平均を上回る必要がある。セットアップが整った2013年6月17日は、31.95ドルで引けた。これはその日の5日移動平均である30.99ドルを超えている。

　セットアップが整った日までに、4日連続して上げて引けたので、ルール4も満たしている。このルールでは、直近5日のうちの4日で終値が上げて引ける必要があった。連続して上昇した日数はこのチャートに記している。

　ルール5はここでは使わなかった。

　セットアップのルールはすべて満たしているので、翌日に指値注文を入れる。私たちが選んだ戦略の変数では、セットアップが整った日の終値よりも2％上に指値を入れることになっているので、指値は次のようになる。

　指値＝終値×（1＋終値から指値までの％）
　　　　＝31.95ドル×1.02＝32.59ドル

　6月18日に、価格は日中の高値である32.73ドルに達したので、指値注文は約定し、32.59ドルで空売りをする。

　翌日には30.90ドルで引けたが、コナーズRSIの値は35.39だった。私たちの手仕舞い（ルール7b）では、買い戻す前にコナーズRSIが30を下回る必要がある。この値は6月20日に28.31まで下げたので、終

値の28.64ドル近くで手仕舞う。手数料を除いた利益は12％をわずかに超えた。

損益＝下落分（または上昇分）÷経費
　　＝（32.59ドル－28.64ドル）÷32.59ドル
　　＝3.95ドル÷32.59ドル＝12.1％

これでトレードの仕組みはよく分かったと思うので、異なる変数の組み合わせについて過去データで検証した結果を見ていこう。

第4章 検証結果

Test Results

　あるトレード戦略に従うと将来にどういう結果が得られるか、それを事前に知ることは不可能である。だが、この第2部で取り上げているコナーズRSIを利用したS&P500のトレード戦略のように完全な定量戦略では、少なくとも過去の結果がどうだったかの検証はできる。この手続きは「バックテスト」と呼ばれている。

　バックテストを実行するときにはまず、戦略を検証したい証券グループ（監視リストと呼ばれることもある）を選ぶ。ここでは、監視リストは過去と現在のS&P500の構成銘柄である。

　次に、検証する期間を選ぶ。通常、バックテストの期間が長いほど信頼性は高まり、得られる結果も役に立つ。この第2部の戦略では、2001年1月にバックテストを始めて、私たちがこれを書いている時点で最新データが得られる2013年3月まで続けた。

　最後に、全検証期間で、仕掛けと手仕舞いのルールを監視リストの各銘柄に当てはめて、仕掛けの条件を満たした変数のデータをすべて記録して集計した。

　バックテストによって得られる重要な統計のひとつは平均損益で、1トレード当たりの平均利益とも言われる。これを「エッジ」と呼ぶトレーダーもいる。平均損益は、％で表した利益と損失のすべてを、全トレード数で割った値である。次の10回のトレードを考えてみよう。

トレード番号	損益
1	1.7%
2	2.1%
3	-4.0%
4	0.6%
5	-1.2%
6	3.8%
7	1.9%
8	-0.4%
9	3.7%
10	2.6%

平均損益は次のように計算する。

平均損益＝（1.7％＋2.1％－4.0％＋0.6％－1.2％
　　　　　＋3.8％＋1.9％－0.4％＋3.7％＋2.6％）÷10

平均損益＝1.08％

　平均損益とは、投資した資金、つまり、各トレードを仕掛けるときに実際に使った資金に対する平均利益である。

　3日から10日の短期トレードでは、ほとんどのトレーダーは全トレードで0.5〜2.5％の平均損益を目指している。ほかの条件がすべて同じであれば、平均損益が大きいほど口座資金は増えていくだろう。もちろん、ほかの条件がすべて同じということはけっしてない！　特に、トレード数と平均損益を合わせて見ることが重要である。各トレードを仕掛けるときにほぼ同額の資金を使うとすると、10％の利益を上げるトレードを1回行うよりも、10回のトレードを行って、1トレード当たり4％の平均利益を得るほうがはるかに儲かるだろう。

　もうひとつの重要な統計は勝率だ。これは単に、利益が出たトレー

ド数を全トレード数で割った値である。前の表では、10回のトレードのうち7回のトレードで利益が出ていて、リターンはプラスになっている。この例での勝率は7÷10＝70％になる。

　平均損益が十分に高いときでも、どうして勝率を気に掛けるのか？

　それは一般に、勝率が高いほうがポートフォリオの純資産がより滑らかに上がっていくからだ。負けトレードは「集中」して現れる傾向があり、そうなると、ポートフォリオの純資産は下がる。これはドローダウンと呼ばれている。純資産が下がると眠れなくなるか、トレードをやめようとさえ考えかねない。負けトレードが少ない、つまり勝率が高ければ、損失が集中して現れにくくなるため、ポートフォリオの純資産は激しく変動するのではなく、滑らかに拡大しやすくなる。

ITQ

　コナーズ・リサーチで採用した最後の測定基準は、私たちがインディビジュアル・トレード・クオリティ（個別トレードの質）と呼んでいるもので、ITQと略する。おそらく、あなたはシャープレシオを知っているだろう。これはノーベル経済学賞を受賞したウィリアム・F・シャープが、リスク調整後のポートフォリオのパフォーマンスを測るために開発した尺度だ。ポートフォリオから得るリターンのボラティリティでリスクを測定するときには、シャープレシオの値が高いほど、リスク調整後のリターンが良いことを意味する。

　ITQとは、1トレードに関するリスク調整後のリターンで、シャープレシオと似た考え方を個別トレードに当てはめたものだ。そのため、ほかの条件がだいたい等しければ、ITQが高い戦略のほうが好まれるだろう。

　ITQは次の公式で計算する。

ITQ＝（1トレード当たりの平均損益）

　　　÷（1トレード当たりの損益の標準偏差）

　平均損益と標準偏差は、さまざまな状況についてのバックテストから得られる。1人のトレーダーの運用実績だけを使うと、トレーダーが避けたトレードが考慮されないため、誤解を招きかねない。

　おそらく、ITQの値を評価する最も簡単な方法は、1トレード当たりの平均損益が基本的に同じ2つの戦略を比べることだろう。ただし、2つの戦略で一方のITQが目立って高い場合は、その戦略のほうがかなり一貫した結果を生むだろう。ということは、そのリターンは予想される平均近くまで落ちる可能性がはるかに高いということだ。

　　　　　＊　＊　＊　＊　＊　＊　＊

　それでは、連続上昇・連続下落を利用した高勝率トレード戦略をさまざまな変数で検証した結果に話を戻そう。空売りについて見る前に、買いのほうを見ておく。

　初めに、連続下落のルールを使って買いから見ていく。

　次の表は、平均損益が最も高い順に検証結果を並べた、トップ20の変数の組み合わせである。結果にゆがみが生じないように、7年余りの検証期間で点灯したトレードシグナル数が100に満たない変数はすべて除外した。

第4章　検証結果

平均利益に基づくトップ20の変数の組み合わせ（買いの場合）

トレード数	平均損益	ITQ	平均保有日数	勝率	連続下落日数	200日移動平均線のフィルター	指値を前日の終値の何%下に置くか	手仕舞い法
319	5.52%	0.72	3.3	74.92%	8	使わない	5	Close ＞ MA(5)
494	4.88%	0.67	3.3	78.95%	7	使わない	5	Close ＞ MA(5)
426	4.48%	0.60	3.4	73.00%	8	使わない	4	Close ＞ MA(5)
320	4.14%	0.58	2.6	77.50%	8	使わない	5	CRSI ＞ 70
321	3.92%	0.57	2.0	76.95%	8	使わない	5	Close ＞ MA(3)
560	3.70%	0.51	3.3	72.86%	8	使わない	3	Close ＞ MA(5)
502	3.69%	0.47	2.7	73.11%	7	使わない	5	CRSI ＞ 70
660	3.63%	0.51	3.5	74.85%	7	使わない	4	Close ＞ MA(5)
434	3.48%	0.52	2.6	75.35%	8	使わない	4	CRSI ＞ 70
399	3.42%	0.87	2.9	85.46%	4	使う	5	CRSI ＞ 70
506	3.38%	0.48	2.1	71.15%	7	使わない	5	Close ＞ MA(3)
390	3.37%	0.88	3.3	84.87%	4	使う	5	Close ＞ MA(5)
729	3.37%	0.50	3.5	73.53%	6	使わない	5	Close ＞ MA(5)
188	3.27%	0.75	3.0	85.64%	5	使う	5	CRSI ＞ 70
435	3.11%	0.48	2.0	72.87%	8	使わない	4	Close ＞ MA(3)
181	3.08%	0.74	3.5	83.98%	5	使う	5	Close ＞ MA(5)
324	2.98%	0.79	1.7	72.53%	8	使わない	5	CRSI ＞ 50
409	2.98%	0.44	2.2	81.66%	4	使う	5	Close ＞ MA(3)
1,071	2.96%	0.39	3.6	74.04%	5	使わない	5	Close ＞ MA(5)
692	2.91%	0.40	2.9	71.24%	7	使わない	4	CRSI ＞ 70

Close＝終値　MA(5)＝5日移動平均線　CRSI＝コナーズRSI　MA(3)＝3日移動平均線

　次は各列についての説明だ。

　トレード数は、2006年1月1日から2013年6月30日の間にこの変数の組み合わせでシグナルが点灯した回数である。

　平均損益とは、投資した資金に対して、負けトレードを含む全トレードの平均利益または平均損失を見たものである。トップ20の変数は7年余りの検証期間に、2.91～5.52％の利益を上げた。

　ITQとは、すでに述べたように個別トレードの質を測る尺度で、投資した資金に対する利益を使って計算する。より高い値のほうが普通は良い。

　平均保有日数とは、トレード期間の平均日数である。この変数の幅は比較的小さく、平均は3日に満たない。

　勝率とは、シミュレーションをしたトレードのうちで利益が出た割

合である。トップ20の変数のほとんどは70％半ばの勝率だった。多くのトレーダーが勝率50～60％を目指している世界にあって、これは高い勝率である。

連続下落日数はルール４に対応する。表の値はＮを示している。このルールでは、直近Ｎ日のうちで、Ｎ－１日の終値が下げることを条件にしている。例えば、Ｎ＝８のときには、直近８日のうちで少なくとも７日の終値が前日よりも安くなければならない。

200日移動平均線のフィルターはルール５に対応している。ほとんどの場合、この長期トレンドのフィルターで絞り込まずにトレードをするほうが良い結果になる。終値が200日移動平均線を超えることを条件にしなければ、トレード機会が増えるからだ。

指値を前日の終値の何％下に置くかは、戦略のルール６に対応していて、仕掛けでの指値を決めるために使われる。ここではセットアップが整った日の終値よりも１％、２％、３％、４％、５％下の指値で検証した。

手仕舞い法は、ルール７で述べたように、この戦略で手仕舞うのに用いたルールである。

それでは、検証で勝率が最も高かった変数の組み合わせを見ておこう。

勝率が最も高いトップ20の変数（買いの場合）

トレード数	平均損益	ITQ	平均保有日数	勝率	連続下落日数	200日移動平均線のフィルター	指値を前日の終値の何%下に置くか	手仕舞い法
188	3.27%	0.75	3.0	85.64%	5	使わない	5	CRSI > 70
399	3.42%	0.87	2.9	85.46%	4	使わない	5	CRSI > 70
390	3.37%	0.88	3.3	84.87%	4	使わない	5	C > MA5
419	2.66%	0.73	1.7	84.01%	4	使わない	5	CRSI > 50
181	3.08%	0.74	3.5	83.98%	5	使わない	5	C > MA5
421	2.59%	0.71	1.6	83.37%	4	使わない	5	終値で見て初めて上げた日
415	2.48%	0.61	3.3	82.89%	5	使わない	4	CRSI > 70
409	2.98%	0.79	2.2	81.66%	4	使わない	5	C > MA3
199	2.51%	0.66	1.5	81.41%	5	使わない	5	CRSI > 50
105	2.81%	0.54	2.9	80.95%	6	使わない	5	CRSI > 70
199	2.30%	0.60	1.4	79.40%	5	使わない	5	終値で見て初めて上げた日
723	2.13%	0.56	3.4	79.25%	4	使わない	4	CRSI > 70
389	2.18%	0.55	3.8	79.18%	5	使わない	4	C > MA5
494	4.88%	0.67	3.3	78.95%	7	使う	5	C > MA5
439	1.74%	0.51	1.6	78.82%	5	使わない	4	CRSI > 50
193	2.63%	0.66	2.2	78.76%	5	使わない	5	C > MA3
102	2.56%	0.54	3.7	78.43%	6	使わない	5	C > MA5
765	1.40%	0.43	1.8	77.78%	4	使わない	4	CRSI > 50
810	1.67%	0.40	3.3	77.53%	5	使わない	3	CRSI > 70
320	4.14%	0.58	2.6	77.50%	8	使う	5	CRSI > 70

C＝終値　MA5＝5日移動平均線　CRSI＝コナーズRSI　MA3＝3日移動平均線

　買いの場合の勝率が高いトップ20はすべて、トレード回数の75％以上で利益を出していた！　このリストと前の平均損益で見たリストはかなり重なっている。これは、過去データで検証したときの私たちの戦略の変数に、着実に勝ちトレードを積み重ねつつエッジ（損益）も優れているものがいくつかあることを示している。

　それでは、空売りに目を向けよう。

　次の表は、平均損益が最も高い順に検証結果を並べた、トップ20の変数の組み合わせである。ここでも、結果にゆがみが生じないように、7年余りの検証期間で点灯したトレードシグナル数が100に満たなかった変数はすべて除外した。

平均利益に基づくトップ20の変数の組み合わせ（空売りの場合）

トレード数	平均損益	ITQ	平均保有日数	勝率	連続上昇日数	200日移動平均線のフィルター	指値を前日の終値の何%上に置くか	手仕舞い法
225	3.82%	0.84	3.0	88.00%	5	使わない	5	CRSI < 30
224	3.62%	0.74	2.8	87.95%	5	使わない	5	C < MA5
309	3.54%	0.72	3.3	85.76%	5	使う	5	CRSI < 30
528	3.52%	0.67	3.8	81.44%	4	使わない	5	CRSI < 30
307	3.31%	0.65	3.0	85.34%	5	使う	5	C < MA5
528	3.31%	0.61	3.3	78.60%	4	使う	5	C < MA5
145	3.30%	0.72	3.7	81.38%	6	使わない	4	CRSI < 30
145	3.16%	0.65	3.1	82.76%	6	使わない	4	C < MA5
128	3.15%	0.61	3.8	82.81%	6	使う	5	CRSI < 30
124	3.06%	0.66	4.7	85.48%	7	使う	4	CRSI < 30
441	3.00%	0.69	3.1	86.62%	5	使わない	4	CRSI < 30
692	3.00%	0.54	4.1	78.03%	4	使う	5	CRSI < 30
233	2.96%	0.70	2.0	82.40%	5	使う	5	C < MA3
127	2.93%	0.52	3.4	83.46%	6	使う	5	C < MA5
320	2.93%	0.69	2.1	81.88%	5	使う	5	C < MA3
437	2.90%	0.67	2.8	85.81%	5	使わない	4	C < MA5
549	2.79%	0.57	2.3	76.32%	4	使わない	5	C < MA3
691	2.76%	0.48	3.6	74.53%	4	使う	5	C < MA5
237	2.68%	0.67	1.4	84.39%	5	使わない	5	CRSI < 50
262	2.68%	0.53	4.4	80.15%	6	使う	4	CRSI < 30

CRSI＝コナーズRSI　C＝終値　MA5＝5日移動平均線　MA3＝3日移動平均線

　その次の表は、勝率が最も高かった変数の組み合わせである。

　空売りの場合の平均利益に基づくトップ20の変数のほとんどは80％台前半の勝率だった。また、これらの変数は、平均保有日数はわずか3日で、7年余りの検証期間に2.68〜3.82％の平均利益を出している。

勝率が最も高いトップ20の変数（空売りの場合）

トレード数	平均損益	ITQ	平均保有日数	勝率	連続上昇日数	200日移動平均線のフィルター	指値を前日の終値の何%上に置くか	手仕舞い法
225	3.82%	0.84	3.0	88.00%	5	使わない	5	CRSI < 30
224	3.62%	0.74	2.8	87.95%	5	使わない	5	C < MA5
441	3.00%	0.69	3.1	86.62%	5	使わない	4	CRSI < 30
437	2.90%	0.67	2.8	85.81%	5	使わない	4	C < MA5
309	3.54%	0.72	3.3	85.76%	5	使う	5	CRSI < 30
124	3.06%	0.66	4.7	85.48%	7	使う	4	CRSI < 30
307	3.31%	0.65	3.0	85.34%	5	使う	5	C < MA5
237	2.68%	0.67	1.4	84.39%	5	使わない	5	CRSI < 50
325	2.55%	0.63	1.5	84.31%	5	使う	5	CRSI < 50
634	2.64%	0.56	3.7	84.07%	5	使う	4	CRSI < 30
123	2.49%	0.62	3.5	83.74%	7	使う	4	C < MA5
629	2.52%	0.56	3.1	83.47%	5	使う	4	C < MA5
127	2.93%	0.52	3.4	83.46%	6	使う	5	C < MA5
128	3.15%	0.61	3.8	82.81%	6	使う	5	CRSI < 30
145	3.16%	0.65	3.1	82.76%	6	使わない	4	C < MA5
233	2.96%	0.70	2.0	82.40%	5	使わない	5	C < MA3
459	2.45%	0.65	2.0	82.35%	5	使わない	4	C < MA3
320	2.93%	0.69	2.1	81.88%	5	使う	5	C < MA3
326	2.30%	0.58	1.4	81.60%	5	使う	5	終値で見て初めて下げた日
238	2.48%	0.61	1.4	81.51%	5	使わない	5	終値で見て初めて下げた日

CRSI＝コナーズRSI　C＝終値　MA5＝5日移動平均線　MA3＝3日移動平均線

　こちらの成績も良く、空売りの場合の勝率が最も高いトップ20の変数のすべてが、トレード回数の80％以上で利益を出していた！　また、このリストと前の平均損益で見たリストはかなり重なっていて、私たちの戦略の変数に、着実に勝ちトレードを積み重ねつつエッジ（損益）も優れているものがいくつかあることを物語っている。実際、2つの表の1位と2位の変数は同じである。

第5章 戦略の変数を選ぶ

Selecting Strategy Parameters

　前章では、連続下落日数と連続上昇日数（N）、仕掛けで指値を終値から何％の位置に置くか（Y）、手仕舞い法といった検証で用いた変数について説明した。この章では、読者がトレードでどの変数を使うかを決めるにあたって、さらに考慮すべき点について述べておきたい。

　それでは、仕掛けと手仕舞いの考え方について少し説明しよう。仕掛けのルールも手仕舞いのルールも、どれほど厳格であるか、つまりどれほど達成するのがやさしいか、あるいは難しいのかという観点から考えることができる。また、厳格さは、ルールを満たす状況がどれほど頻繁に生じるかどうかの尺度だとも言える。コナーズRSIのようなオシレーターでは、値が中間にあるよりも両極端（０と100）に近いほど厳格で、生じにくくなる。

　仕掛けのルールは厳しいほうが満たされにくいので、通常はより厳しいルールに頼る戦略ほどトレード機会は減るだろう。堅牢な戦略であれば、トレード機会が少ないルールのほうが、平均ではたいていリターンが大きくなる。わずかに買われ過ぎの銘柄を空売りすれば、下落はそれほど大きくない可能性が高い。しかし、極端に買われ過ぎになるまで待てば、大幅に下落して利益がもっと増える可能性ははるかに高くなるだろう。

仕掛けのルールとは対照的に、手仕舞いのルールを厳格にしても、その戦略から生じるトレード数にはほとんど影響しない。しかし、仕掛けのルールと同様に、手仕舞いのルールを厳しくするほど、通常は平均利益が増える。どうしてだろうか？　連続上昇・連続下落を利用した高勝率トレード戦略では平均回帰を利用するのだが、手仕舞いのルールが厳しいほどトレードは長く続きやすいため、この平均回帰の動きに出合う機会が増えるからだ。というわけで、仕掛けでは、トレード数を増やして、なおかつ利益も増やすことはできない。また、手仕舞いでは、トレード期間を短くしながら、１トレード当たりの利益を大きくすることはできない。

* * * * * * *

では、第２部で取り上げている戦略に戻ろう。下の表では５つの戦略を比較しているが、指値を置く位置（終値の３％下）と手仕舞い法（コナーズRSIが70を超える）はすべて同じである。この例では、フィルターに200日移動平均線を使っていない。仕掛けの変数で異なるのは連続下落日数だけである。

仕掛けにおける連続下落日数の効果

トレード数	平均損益	ITQ	平均保有日数	勝率	連続下落日数	指値を前日の終値の何％下に置くか	手仕舞い法
3,992	1.12%	0.18	3.8	69.8%	4	3	CRSI > 70
2,655	1.65%	0.26	3.5	71.2%	5	3	CRSI > 70
1,724	2.18%	0.33	3.3	71.8%	6	3	CRSI > 70
960	2.22%	0.31	3.1	71.3%	7	3	CRSI > 70
579	2.87%	0.43	2.7	74.1%	8	3	CRSI > 70

CRSI＝コナーズRSI

この表で仕掛けの条件が最も緩いのは、連続下落日数が４日の１行目だ。点灯したトレードのシグナル数は最も多いが、１トレード当たりの平均利益は最も少ない点に注目してほしい。連続下落日数を増やして仕掛けのルールを厳しくするほど、シグナル数は減っていくが、１トレード当たりの平均利益は増えていく。連続下落日数が８日の仕掛けは４日の場合よりも平均損益が２倍以上になるが、トレード数は５分の１以下になる。

　また、ITQの値が大きくなるほど、平均損益と勝率が上がることも分かる。この表は、戦略の変数を選ぶときにITQを考慮することの重要性を浮き彫りにしている。

　指値を前日の終値の何％下に置くかを除いて、すべての変数を一定にしておくときにも、当然ながら同じパターンが現れる。セットアップの条件が同じであれば、前日の終値よりも少なくとも５％下落する銘柄よりも、１％以上しか下落しない銘柄のほうが明らかに多い。

連続下落日数を利用した戦略で、指値を置く位置を変えた組み合わせ

トレード数	平均損益	ITQ	平均保有日数	勝率	連続下落日数	指値を前日の終値の何％下に置くか	手仕舞い法
1,115	1.63%	0.28	2.9	71.8%	8	1	CRSI > 70
788	2.13%	0.33	2.9	70.7%	8	2	CRSI > 70
579	2.87%	0.43	2.7	74.1%	8	3	CRSI > 70
434	3.48%	0.52	2.6	75.4%	8	4	CRSI > 70
320	4.14%	0.58	2.6	77.5%	8	5	CRSI > 70

CRSI＝コナーズRSI

　仕掛けのルールを厳しくするほどトレード数は減るが、平均利益は高くなることが確認できた。それでは、手仕舞いのルールを見ることにしよう。ここでは、セットアップと仕掛けの条件を一定にしておき、手仕舞い法を変える。

連続下落日数を利用した戦略で、手仕舞い法を変えた組み合わせ

トレード数	平均損益	ITQ	平均保有日数	勝率	連続下落日数	指値を前日の終値の何％下に置くか	手仕舞い法
595	1.72%	0.29	1.6	66.9%	8	3	終値で見て初めて下げた日
596	1.87%	0.31	1.8	68.3%	8	3	CRSI > 50
579	2.44%	0.40	2.1	72.0%	8	3	C > MA3
579	2.87%	0.43	2.7	74.1%	8	3	CRSI > 70
560	3.70%	0.52	3.3	72.9%	8	3	C > MA5

CRSI＝コナーズRSI　C＝終値　MA3＝3日移動平均線　MA5＝5日移動平均線

　前回でも予想したように、5つの変数のすべてにおいて、トレードシグナル数は非常に似ていた。トレード数は560回から596回の範囲にあり、平均の582回からプラス・マイナス6％以内に収まっている。しかし、条件が最も緩い手仕舞い法を使った変数（終値が上げた最初の日に手仕舞う）の平均利益は、条件が最も厳しい手仕舞い法の2分の1を切っている。

　連続上昇戦略を利用した空売りでも、同様の結果が得られる。

　次の表では4通りの変数の組み合わせを比較しているが、指値を置く位置（終値の4％上）と手仕舞いの方法（コナーズRSIが30を下回る）はすべて同じである。この例では、フィルターに200日移動平均線を使っていない。次の仕掛けの変数で異なるのは、連続上昇日数だけである。

仕掛けにおける連続上昇日数の効果

トレード数	平均損益	ITQ	平均保有日数	勝率	連続上昇日数	指値を前日の終値の何％上に置くか	手仕舞い法
1,317	1.99%	0.35	3.6	74.6%	4	4	CRSI < 30
634	2.64%	0.56	3.7	84.1%	5	4	CRSI < 30
262	2.68%	0.53	4.4	80.2%	6	4	CRSI < 30
124	3.06%	0.66	4.7	85.5%	7	4	CRSI < 30

CRSI＝コナーズRSI

連続上昇日数が8日の変数ではトレード数が100に満たないので、この表から除外している。

買いで見たときと同様に、この表で最も緩い仕掛けは連続上昇日数が4日の1行目だ。点灯したトレードシグナル数は最も多いが、1トレード当たりの平均利益は最も少ない。連続上昇日数を増やして仕掛けのルールを厳しくするほど、トレードシグナル数は減っていくが、1トレード当たりの平均利益は増えていく。変数が7日の仕掛けは4日のものよりも平均損益が50％以上高いが、トレード数は10分の1以下になる。

指値を前日の終値の何％上に置くかを除いて、すべての変数を一定にしておくときにも、当然ながら同じパターンが現れる。セットアップの条件が同じであれば、前日の終値よりも少なくとも5％上昇する銘柄数よりも、1％以上上昇する銘柄数のほうが明らかに多い。

連続上昇を利用した戦略で、指値を置く位置を変えた組み合わせ

トレード数	平均損益	ITQ	平均保有日数	勝率	連続上昇日数	指値を前日の終値の何％上に置くか	手仕舞い法
2,285	1.46%	0.36	4.2	74.3%	5	1	CRSI < 30
1,327	1.72%	0.40	4.2	74.7%	5	2	CRSI < 30
771	2.05%	0.44	3.7	77.6%	5	3	CRSI < 30
441	3.00%	0.69	3.1	86.6%	5	4	CRSI < 30
225	3.82%	0.84	3.0	88.0%	5	5	CRSI < 30

CRSI＝コナーズRSI

空売りでも、仕掛けのルールを厳しくするほどトレード数は減るが、平均利益は高くなることが確認できた。では、手仕舞いのルールを見ることにしよう。ここでは、セットアップと仕掛けの条件を一定にしておき、手仕舞い法を変える。

連続上昇日数を利用した戦略で、手仕舞い法を変えた組み合わせ

トレード数	平均損益	ITQ	平均保有日数	勝率	連続上昇日数	指値を前日の終値の何％上に置くか	手仕舞い法
238	2.48%	0.61	1.4	81.5%	5	5	終値で見て初めて下げた日
237	2.68%	0.67	1.4	84.4%	5	5	CRSI < 50
233	2.96%	0.70	2.0	82.4%	5	5	C < MA3
224	3.62%	0.74	2.8	88.0%	5	5	C < MA5
225	3.82%	0.84	3.0	88.0%	5	5	CRSI < 30

CRSI＝コナーズRSI　C＝終値　MA3＝3日移動平均線　MA5＝5日移動平均線

　この例でも、5つの変数のすべてにおいて、トレードシグナル数は非常に似ていた。トレード数は224回から238回の範囲に入り、平均の231回からプラス・マイナス6％に収まっている。しかし、最も緩い手仕舞い法を使った変数（ETFの終値が初めて下げた日に手仕舞う）では、平均利益は最も厳しい手仕舞い法の約3分の2である。

　この知識を押さえておけば、あなたのトレード計画に最もふさわしいトレードシグナル数や平均損益、平均保有日数が得られそうな変数を選ぶことができるだろう。

第6章 オプションを利用する

Using Options

　オプションのトレードは、ここ数年の間にマーケットで大きく成長した分野である。これは売買スプレッドが小さくなり、流動性が高まり、複雑なオプションをかつてないほど簡単にトレードできるようになったためである。

　それでは、ここまで説明してきたような相場の短期的な動きを利用して、オプションをトレードする方法に焦点を合わせよう。ここでの戦略すべてに言えるが、シグナルが点灯したときにオプションのトレードを行うにも、明確なルールがある。

　先を進める前に、オプションに関するいくつかの用語や考え方を確認しておくと役に立つだろう。

　コールオプションの買い手はオプションの満期日かそれ以前に、権利行使価格で原資産の証券（株またはETF）を買う権利があるが、義務はない。一般に、原資産の証券価格が上昇すると、コールオプションの価値も上がる。権利行使価格が原資産である証券の価格を下回っているとき、コールオプションはイン・ザ・マネー（ITM）であると言われ、証券価格を上回っているとき、アウト・オブ・ザ・マネー（OTM）と言われる。例えば、SPY（S&P500ETF）のオプションの権利行使価格が1ドル刻みで、SPYの価格が現在162.35ドルであれば、最初の（原資産価格に最も近い）イン・ザ・マネーのコールオ

プションは権利行使価格が162ドルのものである。また、最初のアウト・オブ・ザ・マネーのコールオプションは、権利行使価格が163ドルのものである。

　プットオプションの買い手はオプションの満期日かそれ以前に、権利行使価格で原資産の証券（株またはETF）を売る権利があるが、義務はない。一般に、原資産である証券の価格が下落すると、プットオプションの価値は上がる。権利行使価格が原資産の証券の価格を上回っているとき、プットオプションはイン・ザ・マネー（ITM）と呼ばれ、下回っているとき、アウト・オブ・ザ・マネーと呼ばれる（OTM）。SPYの価格が現在166.55ドルならば、最初の（原資産価格に最も近い）イン・ザ・マネーのプットオプションは権利行使価格が167ドルのものである。そして、最初のアウト・オブ・ザ・マネーのプットオプションは権利行使価格が166ドルのものである。

　ほとんどのオプション１枚は、原資産の株やETFの100株（口）に相当する。しかし、ほとんどの取引プラットフォームで表示される気配値は１株当たりの価格である。そのため、オプションを買うときの費用は通常、１株当たりの価格の100倍に手数料を足したものである。というわけで、SPYのコールオプションが1.27ドルならば、コールオプションの購入費用は127.00ドルに手数料を足した額になる。オプション価格はプレミアムと呼ばれることがある。

　オプションにはすべて満期日があり、満期日を過ぎると無価値になる。オプションの満期日で最も一般的なのは次の３つである。

- **毎週**　満期日は週の最終取引日で、通常は金曜日である。
- **毎月**　毎月第３金曜日の次の土曜日に失効する。ということは、オプションの最終取引日は第３金曜日である。
- **毎四半期**　満期日は各四半期末の最終取引日である。

このガイドブックでは、各月に満期日があるオプションだけに焦点を合わせる。満期日が最も近いオプションは期近物と呼ばれる。例えば、今日が６月10日ならば、期近は６月の第３週に満期日を迎えるオプションである。翌月に満期（この場合は７月）を迎えるオプションは翌限月と呼ばれる。６月の満期日を過ぎると、７月が期近、８月が翌限月になる。

このガイドブックの戦略では通常、ある一定のパターンが見られる。

1．仕掛けから手仕舞いまでの期間の大半は非常に短かった（２～12日）。
2．１トレード当たりの平均利益は大きく、短期の標準的な値動きを大幅に超えていた。
3．値動きのかなりの割合がトレード方向に動いた。

私たちがこの種のパターンを見るとき、多くの戦略が考えられるが、ひとつの戦略が目立って良い（これは、プロトレーダーたちも認めている）。この戦略では、期近のイン・ザ・マネーのコールを買う。

戦略の買いシグナルが点灯したら、オプションを使う場合はコールオプションを買う。空売りのシグナルが点灯した場合は、プットオプションを買うことでトレードを実現できる。

なぜ、期近のイン・ザ・マネーのコールを買うのか？　それらが、連動する銘柄に最も近い値動きをするからだ。そして、オプションが原資産に近い動きをするほど、その動きが思惑どおりであれば、利益が高くなるからだ。

売買ルールは次のとおりだ。

1．シグナルが点灯する。
2．期近のイン・ザ・マネーのコールかプットを買う。あなたが通常、

500口のETFをトレードしているのならば、コールかプットを5枚買う(オプション1枚はETFの100口に等しい)。
3. 原資産のETFで手仕舞いのシグナルが点灯すれば、オプションを手仕舞う。

先を進めよう。

1. イン・ザ・マネーとは具体的に何を意味するのか？

ここでの場合、権利行使価格がイン・ザ・マネーである最初もしくは2番目のオプションという意味だ。これはコールオプションならば現在の価格よりも安く、プットオプションならば現在の価格よりも高くなる。例えば、ETFの価格が48ドルでオプションの権利行使価格が5ドル刻みならば、45ドルか40ドルのコールを買うか、50ドルか55ドルのプットを買うということだ。

2. どうして期近物なのか？

保有期間が非常に短いので、満期日が最も近いオプションでトレードを行うほうがよいからだ。ただし、期近のオプション満期日から7日以内(つまり、第2水曜日以降)であれば、翌限月でトレードを行う。

3. ポジションを取っていて満期日を迎えたが、原資産であるETFの売買シグナルがまだ有効であるときは、どうするか？

その場合は、翌限月に乗り換える。その銘柄のシグナルに合わせてトレードを行っているのなら、シグナルが有効であるかぎり、ポジションを取り続けたほうがよい。

4．流動性とスプレッドについてはどうだろう？

ここでは慎重さが要求される。オプションで流動性が正確に何を意味するかについて、明確なルールはない。多くのトレーダーは目安とする最低限の出来高や建玉から流動性を判断している。

そのオプションが活発に取引されているのなら、売買スプレッドを見よう。オプションの気配値が買い3.00ドル、売り3.30ドルであれば、スプレッドは10％である。本当に10％のスプレッドを克服して、利益を出せるだろうか？　それはありそうにない。では、気配値が買い3.25ドル、売り3.30ドルのオプションならどうだろう。これならずっと満足できて、取引可能だ。

5．ETFそのものではなく、コールオプションを買う利点は何だろう？

流動性があり、スプレッドも小さければ、利点は大きい。

1. 投資資金に対する収益が大きくなる可能性がある。
2. 縛られる資金が少なくて済む。
3. リスクにさらされる資金の比率が小さい。つまり、50ドルのETFを買えば、理屈では価格がゼロになって、1口当たり50ドルを失う可能性がある。しかし、オプションであれば、代金として支払うプレミアム以上は失わないという意味だ。そのため、45ドルのコールを5.50ドルで買えば、リスクはプレミアムの5.50ドルに限定される。
4. 柔軟性が大きい。例えば、あるETFが50ドルで買いシグナルを発して、45ドルのコール代として5.50ドルを払ったとしよう。その銘柄がすぐに上昇すれば（56ドルとしよう）、そこで選択の余地が生じる。あなたは手仕舞ってもよいし、資金のほとんどを回収したうえで、55ドルのコールに乗り換えてもよい。価格がそのまま上昇し続けると思っている

のなら、これはほとんどリスクなしのトレードになる。

6．ETFそのものを空売りする代わりに、プットオプションを買う利点は何だろう？

流動性があり、スプレッドも小さければ、利点は大きい。

1. 投資資金に対する収益が大きくなる可能性がある。
2. 縛られる資金が少なくて済む。
3. リスクにさらされる資金の比率が小さい。つまり、50ドルのETFを空売りすれば、理屈では損失は無限になる可能性がある。しかし、オプションであれば、代金として支払うプレミアム以上は失わない。そのため、55ドルのプットを5.50ドルで買えば、リスクはプレミアムの5.50ドルに限定される。
4. 柔軟性が大きい。例えば、あるETFが50ドルで空売りのシグナルを発して、55ドルのプット代として5.50ドルを払ったとしよう。その銘柄がすぐに下落すれば（46ドルとしよう）、そこで選択の余地が生じる。あなたは手仕舞ってもよいし、資金のほとんどを回収したうえで、50ドルのプットに乗り換えてもよい。価格がそのまま下落し続けると思っているのなら、これはほとんどリスクなしのトレードになる。

このような例は無数にある。そして、この種の戦略を用いる機会に関しては、オプションに関するほとんどの本に載っている。しかし、特殊なオプションのトレードや、単にコールやプットを買う以外のトレードは、私たちが質問をした多くの専門家のアドバイスに反する。

結論として、オプションはETFそのものを買うか空売りをする代わりの良い選択肢になる。私たちの戦略でのトレード法では、期近のイン・ザ・マネーを使い、ETFのトレードと等しいサイズ（100口につき1枚のオプション）で仕掛けて、ETFで手仕舞いのシグナルが

点灯したときに手仕舞う。
　多くの専門家の意見によると、このオプション戦略は、それらのシグナルで過去のデータを見たときに、最も優れていて最も効率的な戦略である。

第7章 終わりに

Additional Thoughts

1. ここまでの説明で分かったと思うが、この連続上昇・連続下落を利用した高勝率トレード戦略を一貫して用いると、定量化された大きなエッジが得られる。
2. あなたが使える変数の組み合わせは文字どおり何百通りもある。ルールで述べた変数を調整すれば、その戦略を自分のトレードに合わせて変えることができる。トレード回数を増やしたければ、仕掛けに連続上昇・連続下落の日数がより短い変数を使えばよい。平均リターンを大きくしたければ、仕掛けの条件が最も厳しい変数（連続上昇・連続下落日数が長く、指値を置く位置が終値から遠い変数）と、保有期間が最も長い変数（買いではコナーズRSIが70、空売りではコナーズRSIが30の手仕舞い法）の組み合わせを調べるとよい。仕掛けと手仕舞いを素早く行い、トレードを翌日に持ち越すリスクを減らして資金をほかのトレードに振り向けられるようにしたいのであれば、買いでは最初に上げて引けた日、空売りでは最初に下げて引けた日に手仕舞う変数を試すとよい。
3. 損切りのストップ注文についてはどうだろうか（これに対する答えはすべての戦略ガイドブックで取り上げている）。

    私たちは、『コナーズの短期売買入門』（パンローリング）を含めた出版物で、ストップ注文についてのリサーチを発表してきた。

私たちが発見したことは、損切りのストップ注文を置くとパフォーマンスが落ちやすく、多くの場合、エッジがまったく消えるということだった。たしかに、買った銘柄が下げ続けたときに、ストップ注文で損切りできれば気分が良い。一方で、多くの短期トレード戦略について最大20年の検証をした結果では、ストップを置くと頻繁に損切りをさせられて、多くの損失が積み重なっていくことが示されている。ほとんどのトレード戦略では、こうした損失の蓄積を克服できない。

　　　多くのトレーダーは損切りのストップを必ず置かなければならない。そうすることで、彼らは特に難しいトレードでも心理的に受け入れることができるからだ。ストップを使うかどうかは、自分で決めるべきことだ。だが、概して言えば、ストップを置くと、ここで紹介した戦略やほかの多くの短期戦略で得られるエッジは低くなる。繰り返すが、ストップを置くかどうかは、あなた自身が決めるべきことだ。私たちはどちらの手法を使うトレーダーにも、成功者がいることを知っている。

4．検証では、スリッページと手数料は考慮に入れていない。それらを考慮に入れて（仕掛けでは指値を使っているので、スリッページは問題にならない）、取引費用が可能なかぎり最低になるようにしよう。

　　　現在では、ほとんどの証券会社において、1株当たり1セント以下で取引できる。だから、特にあなたが活発にトレードをするのなら、自分にふさわしい証券会社を選ぼう。オンライン証券会社はあなたと取引をしたがっている。

　このコナーズ・リサーチ社のトレード戦略シリーズを楽しんでいただけていたら幸いである。この戦略について質問があれば、遠慮なく電子メール（info@connorsresearch.com）を送っていただきたい。

第3部

コナーズRSIを利用した株式の空売り

Short Selling Stocks with ConnorsRSI

第1章 はじめに

Introduction

　30年以上もの間、資産運用業界は株の空売りを中心に運営する会社やファンドを作ろうと試みてきた。しかし、長期にわたって成功し続けたところは極めて少ない。これらのファンド(多くは今や消滅している)のほとんどは、空売りをするときにひとつの手法に固執していた。それは倒産しかけの会社を見つけて空売りするという手法だ。

　例えば、ある有名な空売り戦略では、不正会計がある会社を見つけて空売りする。1990年代半ばに、私は不正会計の発見を専門とする調査会社に1万ドルの年会費を払って、会員になった。会員に送られてくるリポートには、ある会社が行っている不正会計の実態が事細かに述べられていた。それは極めて説得力に富んでいた。あまりにも説得力があったので、当然ながら私はそうした会社の株の多くを空売りした。残念ながら、1995年の強気相場が始まり、それらの会社から不正が発見されることは一度もなかった。それどころか、それらの銘柄の多くは翌年までに何十％(場合によっては100％以上)も上昇した。幸いにも、それらが天井を付ける前に、私はそれらの空売りをすべて手仕舞っていた。動揺して自ら損切りをするか、買っていたプットオプションが無価値になるかになったのだ。何年かの間に、このリサーチ会社は不正会計に手を染めていることが疑われる会社を200社ほど特定し、そのうちの3社は実際に粉飾をしていた。私は幸運な会員で

はなかったし、空売りかロングショート戦略を取るファンドの多くも同じだった。言うまでもなく、私は会員の更新をしなかった。

空売り専門のファンドは株価が急落しそうな会社を見つけるために、ほかの戦略も用いた。彼らはテクノロジーが陳腐化しそうな会社や、ライバル企業に脅かされている会社を探した。あるいは、アメリカの景気が悪化しそうなので、どの会社の株価も暴落するだろうと考えた。

だが、これらの手法のどれも、長期的にはうまくいかなかった。たしかに、エンロンやタイコなど、不正経理が発覚した会社もあった。また、アメリカ経済は2000～2002年と2008年に不況に陥った。だが、全体として、これら空売りを専門とするファンドのパフォーマンスは散々なものだった。ファンドを運営していた人々の目の付け所は悪くなかった。彼らのほとんどは自分の考えに確信を持っていた。それでも、彼らの運用実績を見ると、空売りで長期的に利益を上げることがいかに難しいかが分かる。

この第3部では、明確で一貫した株式の空売り法を紹介する。これはかなりの期間にわたって利益を上げたことが分かっている。この戦略には、興味をそそる話題性はない。単に、2001年以降に繰り返し見られた値動きを、統計を利用して見極めるというものだ。実際には、この同じ値動きを1995年までたどって確かめることもできる。基本的なパターンとしては、株が極端に買われ過ぎになると短期的に急落する傾向がある。倒産にまで至る会社はほとんどない。しかし、ほとんどの株は上げ止まり、利食いが起きる。恐れをなした投機資金は流出し、アナリストの株価目標に達すると株価にさらなる圧力がかかる。そして、大半（約70％という高い比率）の株は2～3日以内に下げる。

私たちは2003年に初めてこの動きを特定して、私たちが主催するトレーディングマーケッツ・スイング・トレード・カレッジで、2005年からこの戦略のひとつを教え始めた。これは今日でもまだ続けている。私たちが当時、教えていた考え方は今日でも有効である。この点は私

たちの誇りでもある。マーケットは特に2008年以後に変化したが、極端に買われ過ぎの株の値動きに変化は見られない。そして、ここにアルファ（トレーダーの技量によって得られるリターン）がある。

　ここで少し注意をしておきたい。まず、ここで説明するのは空売りである。それは損失が限りなく膨らむ可能性があるということだ。だからといって、損切りのストップ注文を置けば、検証結果ではリターンが落ちる。これは、損切りのストップを置くべきではないという意味ではない。それはあなたが決めることだ。検証結果には、仕掛けの基準を満たした全銘柄を含めた。それらのなかには手仕舞うまでに、50〜100％も上昇したものもある。1回のトレードで見ると、これは痛い。しかし、トレード全体で見ると、こうした逆行にもかかわらず、長期的な検証結果は目立って良い。オプションのリスクを理解している人であれば、流動性が高いプットを買えばリスク（最大損失額）はあらかじめ分かっているので、損失を限定することもできる。

　アルファを達成するためには、ほかの人がやりたがらないことをする必要がある。ほとんどの人にとって、この戦略に従って株を空売りするのは心理的に難しい。統計を見れば分かるように、ここにはエッジ（優位性）がある。だが、「話題株」は短期的には維持できない水準まで「大衆」に買い上げられている。そんな話題株を空売りするときの不安を克服できる必要があるからだ。この第3部は10年以上の統計を裏付けにして、その方法を示す。

　コナーズ・リサーチ社の戦略シリーズを今回も楽しんでいただければ幸いである。

第2章 空売りの仕組み

Shorting Mechanics

　個人投資家の多くは、けっして株の空売りをしない。前章で述べたように、これは流れに逆らって泳ぐことに恐怖を感じるのが原因の場合もある。また、空売りの仕組みに対する十分な知識がないことが原因の場合もある。この章では、初めて空売りをする前に頭に入れておくべき基本について、少し説明しておきたい。

　私たちはだれでも、最初に何かを買い、あとでそれを売るやり方にすっかり慣れている。たしかに、これは住宅、自動車、美術品、貴金属など、一生に行うほとんどの主な投資に当てはまる。しかし、特定の金融取引ではこの手順を逆にして、買う前に売ることが許されている。株の場合、これはショートセリング（空売り）と言うか、時にはショートと略す。

　株のすべての取引は、売り手の株と引き換えに、自分のお金か証券会社から借りたお金を手放す気がある買い手を必要とする。では、空売りをする人は実際には株を持っていないのに、どうやってこの取引を行えるのだろうか？　買い手が信用取引口座を使って、証券会社から事実上お金を借りることができるように、空売りをする売り手も証券会社から株を借りることができるのだ。自分の証券会社が空売り用に貸株をする気があれば、取引プラットフォームのその銘柄には「Easy to Borrow（借株が容易）」か、単にETBと表示されているの

が普通だ。「Hard to Borrow（借株が難しい）」かHTBと表示されている銘柄はまったく借りることができないか、取引している証券会社の担当者に電話をする必要があるかもしれない。

　空売りを手仕舞うときは、ポジションをカバーする（買い戻す）と言う。これは株を買う（つまり、株と引き換えにお金を渡す）ことだが、手に入れた株は自分の口座にはとどまらない。それは空売りをしたときに借りた株を返済するために、証券会社に渡るからだ。

　証券会社によって、借株できる銘柄は異なる可能性があるので、この点は注意しておいたほうがよい。流動性が非常に高い銘柄はおそらく、どこの証券会社でも簡単に借りられるが、流動性が低い銘柄は証券会社によって異なることもあるだろう。あなたが空売りをしたい銘柄が、現在の証券会社ではいつも借りられないのであれば、ほかの証券会社に口座を開設することを考えたほうがよい。

　空売りをするときには、取引先の証券会社が貸株をできるように、信用取引口座を開設しなければならない。IRA（個人退職年金）や401k（確定拠出型年金）、あるいはその他の現金預託口座で保有している株を空売りすることはできない。また、信用取引と同じく、借株をすれば証券会社に利息を支払う必要がある。

　ある株を1株100ドルで買ったときの最大リスクは、支払った100ドルに限られる。株価はゼロ以下にはならないからだ。しかし、理屈では株価に上限はないので、空売りをしたときのリスクは無限に大きくなる可能性がある。空売りをしているときに株価が上昇すれば、買い戻すのに十分なだけの担保（現金やその他の証券）が証券会社から要求されることを心得ておこう。これは信用取引で買ったときの証券会社の行為と極めて似ている。

　知っておくべきもう一つの点は、空売りをすると配当金を支払う必要があるということだ。例えば、私が証券会社から株を借りて、1株50ドルで空売りをしたとしよう。数日後に、会社が新しい所有者に1

株1ドルの配当金を支払えば、株価は1ドル下落するだろう。しかし、証券会社はしばらくの間、私にその株を貸しただけなので、彼らは依然としてその株を所有している。彼らも1株当たり1ドルの配当金を受け取ろうと思っているので、私の口座からその額を引き落とす。もちろん、私が1株50ドルで株を空売りして、数日後に1株49ドルで買い戻せば、その取引で1株当たり1ドルの利益を得るので、それで配当金を払う額と相殺できる。つまり、会社が配当金を払って、株価が同じ額だけ下げたら、空売りをした人に実質的な影響はないということだ。ただし、口座からは現金が引き落とされるが、空売りの含み益はそれを買い戻すまで手に入らない。

　空売りに関する基本のいくつかを説明したので、戦略のルールに移ろう。

第3章 戦略のルール

Strategy Rules

　この戦略の基礎となる考えは、急騰して短期での新高値を付けた株を見つけることだ。それらの銘柄が日中にさらに上げたら、空売りをする。そして、平均回帰の動きで株価が下げたら手仕舞う。

　この戦略では、セットアップ、仕掛け、手仕舞いという単純な3段階でトレードを行う。次に、各段階のルールを詳しく述べよう。

　セットアップは以下の条件のすべてが満たされたときに整う。

1．株価が5ドルを上回って引ける。
2．直近21日間（約1カ月）の平均出来高が50万株を超える。
3．コナーズRSI（3、2、100）の値がXを上回って引ける。ここで、Xは75、80、85、90、95のいずれかを使う。
4．その銘柄の100日ヒストリカルボラティリティ［HV（100）］が40以上である。
5．その銘柄の10日ADX［平均方向性指数、ADX（10）］の値は40以上である。
6．今日の高値は直近N日間の最高値である。ここでNは7、10、13のいずれかを使う。

　前日にセットアップが整ったら、仕掛けは次のように行う。

7．昨日の終値よりもY％上に指値を置いて空売りをする。ここで、Yは2、4、6、8、10のいずれかを使う（**注** 「変動指値」を使う変数もある。この点はあとで詳しく説明する）。

仕掛けたあとは、次の方法のうちから事前に選んでおいたひとつを用いて手仕舞う。

8 a．コナーズRSIの値が20を下回って引ける。
8 b．コナーズRSIの値が30を下回って引ける。
8 c．コナーズRSIの値が40を下回って引ける。
8 d．終値が5日移動平均線を下回っている。
8 e．終値が前日の終値よりも安い。私たちは通常、この手仕舞いを「終値で見て初めて下げた日」と称する。

各ルールをもう少し詳しく見て、どうしてそれらを戦略に含めるのかを説明しよう。

ルール1とルール2で、流動性があり借株ができそうな銘柄を特定する。

ルール3で、コナーズRSIを使って急騰株を特定する。コナーズRSIの詳しい説明については、第1部の付録を見てもらいたい。

ルール4で、過去数カ月の株価にかなりのボラティリティ（変動率）があった銘柄を選ぶ役に立つ。ここで示すような短期戦略においては、セットアップが整うためにも利益を上げるためにも、大きな値動きが必要になる。ボラティリティがあまりない銘柄はそうした値動きをしそうにない。

ルール5では、ADXを使って上昇トレンドにある銘柄を特定する。ADXはトレンドの方向を示さない指数だが、ほかのルールから株価が上昇していたことは確認できる。そのため、ADXによって上昇ト

レンドの強さを測ることができる。

　ルール6で、直近N日間の高値を付けた銘柄が特定できる。株価が長期にわたって一方向に動くことはめったにない。そのため、株価が短期の高値を付けると、それは上昇トレンドの再開前に押す兆候であることが多い。

　ルール7によって、最適な株価で仕掛けることができる。セットアップのルールによって買われ過ぎの銘柄を特定できる。そして、仕掛けのルールでは日中にさらに買われ過ぎになるまで待つ。2日続けて日中に急上昇すると、その銘柄を買っているトレーダーは、しばしば手仕舞って利食いをしようという気になる。彼らが売れば、株価に下押し圧力がかかる。そうなると、私たちは空売りで利益を得られるだろう。

　200日移動平均線を上回っていると株価は上げやすく、下回っていると下げやすい。この点は長年にわたって、私たちのリサーチで一貫していた。変動指値による仕掛けを使えば、この情報を生かして、株価が200日移動平均線を超えているときに、より高値に指値を置くことができる。

　変動指値による仕掛けを使う変数では、株価が移動平均線を超えているときに、指値の位置を標準的な場合の1.5倍にする。例えば、終値の4％上に指値（Y）を置くことに決めていれば、セットアップが整った日に終値が200日移動平均線を超えたら、実際には6％上に指値を置き、200日移動平均線を下回ったときには4％の指値を使う。変動指値による仕掛けを利用しない変数では、セットアップが整った日の終値が200日移動平均線を超えるかどうかにかかわらず、同じ指値を使う。これらのトレード例については、あとで取り上げる。

　ルール8は明確な手仕舞い法を示す。定量化され、体系立っていて、規律がある手仕舞いのルールを持つ戦略はほとんどない。ルール8で示される手仕舞いの明確な変数は、過去12年以上の検証結果で裏付け

られたものだ。ほかのすべての変数と同じく、私たちは使う手仕舞い法を事前に決めておき、トレードでそのルールを一貫して用いる。

　検証では、手仕舞いのシグナルが点灯した日の大引けに、すべてのトレードを手仕舞っている。これが不都合であれば、翌朝の寄り付き近くで手仕舞えばよい。私たちのリサーチによると、それでも通常は似た結果が得られるからだ。

　では、典型的なトレードがチャート上でどう見えるかを確認しておこう。次の例では、セットアップが整った日に、コナーズRSIの値が90を超え、直近10日間での高値を付けることを条件とする変数を使う。指値注文は、セットアップが整った日の終値の6％上に置く（変動指値は使わない）。そして、コナーズRSIが30を下回って引けたときに手仕舞う。前に説明した戦略ルールに即して言えば、$X=90$、$N=10$、$Y=6$で、手仕舞いは8bの定義に従う。

第3章 戦略のルール

図1　ジローのトレード

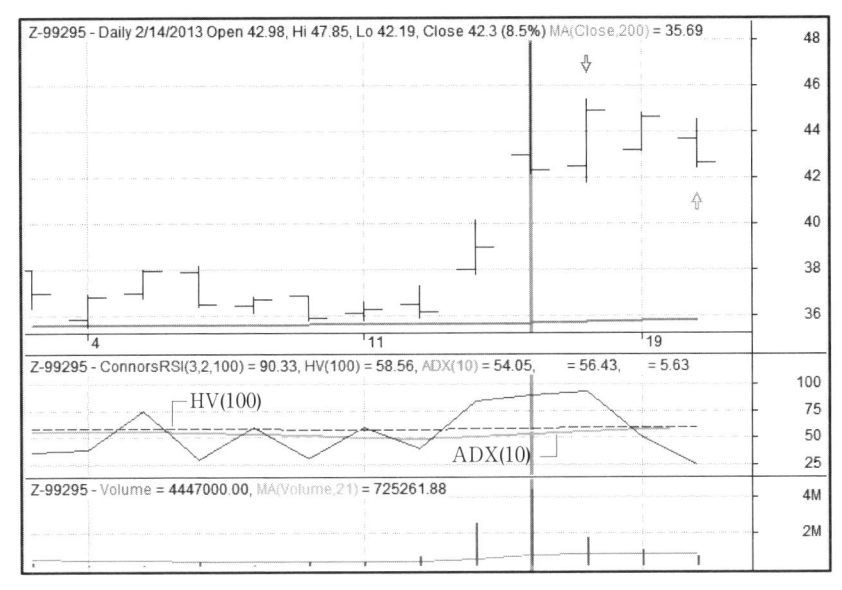

```
Z-99295 - Daily 2/14/2013 Open 42.98, Hi 47.85, Lo 42.19, Close 42.3 (8.5%) MA(Close,200) = 35.69
Z-99295 - ConnorsRSI(3,2,100) = 90.33, HV(100) = 58.56, ADX(10) = 54.05,     = 56.43,    = 5.63
Z-99295 - Volume = 4447000.00, MA(Volume,21) = 725261.88
```

　このチャートはジロー社のもので、証券コードはZである。チャートの上段には、日足と200日移動平均線が記されている。縦線は現在選ばれている日で、セットアップが整った2013年2月14日でもある。下向きの矢印は仕掛け日、上向きの矢印は手仕舞い日を示す。中段には、折れ線でコナーズRSIの値、点線の横線で100日ヒストリカルボラティリティ、そのすぐ下の横線で10日ADXを示す。下段は、度数分布図で1日の出来高を、横線で21日平均出来高を示す。それでは、仕掛けと手仕舞いの各条件がきちんと満たされているか、確認していこう。

　ルール1は、セットアップが整った日に5ドルを上回って引けることを条件にしている。42.30ドルの終値はこの条件を満たしている。

　21日平均出来高は72万5000株であり、最低条件の50万株を十分に超えているので、ルール2を満たしている。

109

ルール3では、セットアップが整った日のコナーズRSI（3、2、100）の値が90を上回ることを条件としているが、チャートに示された仕掛け日の値は90.33なので、これも満たしている。

セットアップが整った日のHV（100）の値は58.56で、条件である40を超えているので、ルール4も満たしている。

ADX（10）の値は54.05で、条件である40を超えているので、ルール5も満たしている。

ルール6は直近N日間での高値を付けることが条件だが、ここではNに10を使っている。この10日間を振り返って、セットアップが整った日を1日目と数え、過去に向かって9日たどると、チャートの左端に達する。セットアップの日の高値はこの期間のいずれの高値よりも高いので、ルール6の条件も満たしている。

セットアップのルールは3つとも満たしているので、翌日の2月15日に指値注文を入れる。私たちが選んだ戦略の変数では、セットアップが整った日の終値よりも6％上に指値を入れることになっているので、指値は次のようになる。

指値＝終値×（1＋終値から指値までの％）
　　＝42.30ドル×1.06＝44.84ドル

株価は2月15日に45.38ドルまで上げたので、指値注文は約定し、44.84ドルの指値で空売りをする。

株価は翌日の2月19日に下げるが、仕掛け日の終値に極めて近いところで引ける。コナーズRSIの値は50ぐらいにまで下げる。だが、手仕舞いの条件である30は下回っていないので、トレードを続ける。

株価は2月20日にさらに下げる。今度は大引けでのコナーズRSIの値が25.22になったので、手仕舞いのシグナルとなる。私たちは終値の42.65ドル近くで手仕舞い、このトレードで手数料を別にして5％

をわずかに下回る利益を得た。

損益＝下落分（または上昇分）÷約定値
　　＝（44.84ドル－42.65ドル）÷44.84ドル
　　＝2.19ドル÷44.84ドル＝4.9％

同じ変数を用いた例をもうひとつ見ておこう。ただし、今回は変動指値を使う。次のチャートはオシリス・セラピューティクス（OSIR）のもので、表示法は前のチャートと同じである。

図２　変動指値を用いたOSIRのトレード

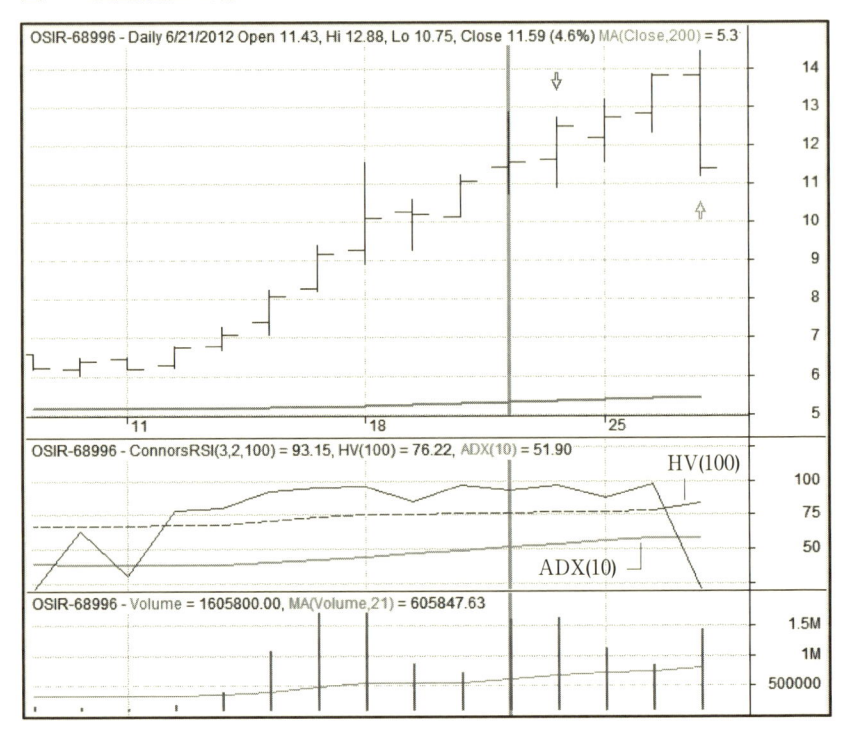

このトレードのセットアップが整ったのは2012年６月21日だった。ルール１に従って、株価は５ドルを超えている。また、ルール２に従い、21日平均出来高は50万株を超えている。これで、流動性の条件は満たされた。

セットアップが整った日のコナーズRSIの値は93.15で、90を超えているのでルール３を満たしている。HV（100）の値は76.22で40を超

えているのでルール4を満たしている。さらに、ADX（10）の値は51.90で40を超えているので、ルール5も満たしている。

ルール6に従い、直近10日間での高値を付けたことがはっきりと分かる。コナーズRSIを利用した株の空売り戦略では、このように2週間にわたって着実に上昇した銘柄は、典型的なトレード候補である。

セットアップの条件はすべて整ったので、翌日に指値注文を置く。セットアップが整った日に200日移動平均線を超えているので、ルール7に従って、6％ではなく9％上に指値を置く。すると、指値は11.59ドル×1.09＝12.63ドルになる。

6月22日の日中に12.75ドルの高値を付けた。これは指値を上回っているので、注文は約定する。

次の2日間に株価は上げ続けて、コナーズRSIの値は上限近くから動かない。その後、6月27日に株価が1日で17％以上も下げて、コナーズRSIの値が15.20まで落ちたので、ルール8に従って手仕舞いのシグナルが点灯する。私たちは終値の11.42ドル辺りで、買い戻す。このトレードを実際に行っていたら、手数料を別にして約9.6％の利益が得られただろう。

これでトレードの仕組みはよく分かったと思うので、異なる変数の組み合わせについて過去の検証結果を見ていこう。

第4章 検証結果

Test Results

　あるトレード戦略に従うと将来にどういう結果が得られるか、それを事前に知ることは不可能である。だが、この第3部で述べているような完全に定量化された戦略では、少なくとも過去の結果がどうだったかの検証はできる。この手続きは「バックテスト」と呼ばれている。

　バックテストを実行するときにはまず、戦略を検証したい証券グループ（監視リストと呼ばれることもある）を選ぶ。ここでは、監視リストは過去と現在のS&P500の構成銘柄である。

　次に、検証する期間を選ぶ。通常、バックテストの期間が長いほど信頼性は高まり、得られる結果も役に立つ。この第3部では、2001年1月にバックテストを始めて、私たちがこれを書いている時点で最新データが得られる2013年4月まで続けた。

　最後に、全検証期間で、仕掛けと手仕舞いのルールを監視リストの各銘柄に当てはめて、仕掛けのシグナルが点灯した変数の組み合わせをすべて記録して集計した。

　バックテストで得られる重要な統計のひとつは平均損益で、1トレード当たりの平均利益とも言われる。これを「エッジ」と呼ぶトレーダーもいる。平均損益は、％で表した利益と損失のすべてを、全トレード数で割った値である。次の10回のトレードを考えてみよう。

トレード番号	損益
1	1.7%
2	2.1%
3	-4.0%
4	0.6%
5	-1.2%
6	3.8%
7	1.9%
8	-0.4%
9	3.7%
10	2.6%

平均損益は次のように計算する。

平均損益 ＝（1.7％＋2.1％－4.0％＋0.6％－1.2％
　　　　　＋3.8％＋1.9％－0.4％＋3.7％＋2.6％）÷10

平均損益＝1.08％

　平均損益とは、投資した資金、つまり、各トレードを仕掛けるときに実際に使った資金に対する平均利益である。

　3日から10日の短期トレードでは、ほとんどのトレーダーは全トレードで0.5～2.5％の平均損益を目指している。ほかの条件がすべて同じであれば、平均損益が大きいほど口座資金は増えていくだろう。もちろん、ほかの条件がすべて同じということはけっしてない！　特に、トレード数と平均損益を合わせて見ることが重要である。各トレードを仕掛けるときにほぼ同額の資金を使うとすると、10％の利益を上げるトレードを1回行うよりも、10回のトレードを行って、1トレード当たり4％の平均利益を得るほうがはるかに儲かるだろう。

　もうひとつの重要な統計は勝率だ。これは単に、利益が出たトレー

ド数を全トレード数で割った値である。前の表では、10回のトレードのうち7回のトレードで利益が出ていて、リターンはプラスになっている。この例での勝率は7÷10＝70％になる。

　平均損益が十分に高いときでも、どうして勝率を気に掛けるのか？

　それは一般に、勝率が高いほうが、ポートフォリオの純資産がより滑らかに上がっていくからだ。負けトレードは「集中」する傾向があり、そうなると、ポートフォリオの純資産は下がる。これはドローダウンと呼ばれている。純資産が下がると眠れなくなるか、トレードを放棄しようとさえ考えかねない。負けトレードが少ない、つまり勝率が高ければ、損失が集中しにくくなるため、ポートフォリオの純資産は激しく変動するのではなく、滑らかに拡大しやすくなる。

それでは、コナーズRSIを利用した株式の空売り戦略の検証結果を、さまざまな変数を組み合わせながら見ていこう。最初は、検証結果を平均損益が最も高い順に並べた、トップ20の変数の組み合わせを示す。結果にゆがみが生じないように、12年余りの検証期間で点灯したトレードシグナル数が200に満たない変数はすべて除外した。

平均利益に基づくトップ20の変数の組み合わせ

トレード数	平均損益	平均保有日数	勝率	仕掛けでのコナーズRSI	何日間での最高値か	指値を前日の終値の何%上に置くか	仕掛けで変動指値を使うか	手仕舞い法
203	9.40%	10.24	78.82%	90	13	10	Y	CRSI < 20
339	7.42%	10.29	76.11%	90	13	10	N	CRSI < 20
244	7.08%	11.49	75.00%	90	10	10	Y	CRSI < 20
319	6.97%	10.70	75.55%	90	13	8	Y	CRSI < 20
357	6.88%	11.55	73.11%	85	13	10	Y	CRSI < 20
205	6.85%	3.74	77.56%	90	13	10	Y	CRSI < 30
273	6.55%	11.37	75.82%	90	7	10	Y	CRSI < 20
205	6.41%	3.79	76.10%	90	13	10	Y	Close < MA(5)
206	6.28%	2.19	76.70%	90	13	10	Y	CRSI < 40
493	6.21%	11.69	70.99%	80	13	10	Y	CRSI < 20
382	6.19%	11.01	74.08%	90	10	10	N	CRSI < 20
246	5.89%	3.88	76.02%	90	10	10	Y	CRSI < 30
576	5.88%	11.73	69.79%	75	13	10	Y	CRSI < 20
419	5.82%	10.99	74.46%	90	7	10	N	CRSI < 20
343	5.79%	4.04	76.97%	90	13	10	N	CRSI < 30
382	5.76%	11.35	73.82%	90	10	8	Y	CRSI < 20
206	5.73%	1.57	71.84%	90	13	10	Y	終値で見て初めて下げた日
343	5.70%	3.84	76.09%	90	13	10	N	Close < MA(5)
435	5.61%	11.15	74.71%	90	7	8	Y	CRSI < 20
364	5.55%	4.13	75.00%	85	13	10	Y	CRSI < 30

Y＝使う　N＝使わない　CRSI＝コナーズRSI　Close＝終値　MA(5)＝5日移動平均線

次は各列についての説明だ。

トレード数とは、2001年1月1日から2013年4月30日の間にこの変数の組み合わせでシグナルが点灯した回数である。

平均損益とは、投資した資金に対して、負けトレードを含む全トレードの平均利益または損失を見たものである。トップ20の変数の損益は12年余りの検証期間にすべてプラスになっていて、5.55〜9.4%の範

囲にあった。

　平均保有日数とは、トレード期間の平均日数である。この変数は2日ほどから2週間以上（11日）までと、かなりの広がりがある。この点については、あとの章でさらに取り上げる。

　勝率とは、シミュレーションをしたトレードのうちで利益が出た割合である。トップ20の変数のほとんどは70％半ばの勝率だった。多くのトレーダーが勝率50～60％を目指している世界にあって、これは高い勝率である。

　仕掛けでのコナーズRSIは戦略のルール3に対応する。このルールでは、指定したコナーズRSIの値を上回らなければならない。私たちが検証で用いたコナーズRSIの値は75、80、85、90、95だった。予想できるように、コナーズRSIの値が高いものがリストの大部分を占める。もっとも、どういうわけか95は出ていない。この点についても、あとの章でさらに検討する。

　何日間での最高値かは、ルール6に対応する。ここでも、高い値が多いことが分かる。これは、厳しい仕掛けの基準を満たすまで待つほうが、利益も大きくなりやすいことを示している。

　指値を前日の終値の何％上に置くかは、戦略のルール7に対応していて、仕掛けでの指値を決めるために使われる。ここではセットアップが整った日の終値よりも2％、4％、6％、8％、10％上の指値で検証した。

　仕掛けで変動指値を使うかでは、200日移動平均線を超えた銘柄に対して、検証で標準的な指値の位置を1.5倍にしていれば、「使う（Y）」である。200日移動平均線の上か下かを問わず、同じ指値を使っているときには「使わない（N）」である。NよりもYのほうがはるかに多いので、仕掛けで変動指値を使えば役に立つことが分かる。

　手仕舞い法は、ルール8で述べたように、この戦略で手仕舞うのに用いたルールである。

それでは、検証で勝率が最も高かった変数の組み合わせを見ておこう。

勝率に基づくトップ20の変数の組み合わせ

トレード数	平均損益	平均保有日数	勝率	仕掛けでのコナーズRSI	何日間での最高値か	指値を前日の終値の何％上に置くか	仕掛けで変動指値を使うか	手仕舞い法
203	9.40%	10.24	78.82%	90	13	10	Y	CRSI < 20
205	6.85%	3.74	77.56%	90	13	10	Y	CRSI < 30
343	5.79%	4.04	76.97%	90	13	10	N	CRSI < 30
206	6.28%	2.19	76.70%	90	13	10	Y	CRSI < 40
266	4.42%	3.70	76.69%	95	13	6	N	Close < MA(5)
321	5.47%	3.99	76.64%	90	13	8	Y	CRSI < 30
282	4.37%	3.74	76.24%	95	7	6	N	Close < MA(5)
310	4.00%	3.68	76.13%	95	13	4	Y	Close < MA(5)
339	7.42%	10.29	76.11%	90	13	10	N	CRSI < 20
205	6.41%	3.79	76.10%	90	13	10	Y	Close < MA(5)
343	5.70%	3.84	76.09%	90	13	10	N	Close < MA(5)
246	5.89%	3.88	76.02%	90	10	10	Y	CRSI < 30
279	4.32%	3.76	75.99%	95	10	6	N	Close < MA(5)
386	5.26%	4.09	75.91%	90	10	10	Y	CRSI < 30
344	5.37%	2.24	75.87%	90	13	10	Y	CRSI < 40
323	4.77%	2.25	75.85%	90	13	8	Y	CRSI < 40
273	6.55%	11.37	75.82%	90	7	10	Y	CRSI < 20
333	3.91%	3.73	75.68%	95	7	4	Y	Close < MA(5)
275	5.37%	3.96	75.64%	90	7	10	Y	CRSI < 30
328	3.85%	3.74	75.61%	95	10	4	Y	Close < MA(5)

Y＝使う　N＝使わない　CRSI＝コナーズRSI　Close＝終値　MA(5)＝5日移動平均線

トップ20はすべて、トレード回数の75％以上で利益を出していた！

また、このリストと前の平均損益で見たリストはかなり重なっていて、私たちの戦略の変数に、着実に勝ちトレードを積み重ねつつエッジ（損益）も優れているものがいくつかある、ということを物語っている。

第5章 戦略の変数を選ぶ

Selecting Strategy Parameters

　これまでの章では、仕掛けでのコナーズRSIの値（X）、直近N日での高値、仕掛けで指値を置く位置（Y）、手仕舞い法など、戦略の変数として検証したさまざまな値について述べてきた。本章では、読者がトレードでどの変数を使うかを決めるにあたって、さらに考慮すべき点について述べておきたい。

　それでは、仕掛けと手仕舞いの考え方について少し述べておこう。仕掛けのルールも手仕舞いのルールも、どれほど厳格であるか、つまりどれほど達成するのがやさしいか、あるいは難しいかという観点から考えることができる。また、厳格さは、ルールを満たす状況がどれほど頻繁に生じるかどうかの尺度だとも言える。コナーズRSIのようなオシレーターでは、値が中間にあるよりも両極端（0と100）に近いほど厳格で、生じにくくなる。

　仕掛けのルールは厳しいほうが満たされにくいので、通常はより厳しいルールに頼る戦略ほどトレード機会は減るだろう。堅牢な戦略であれば、トレード機会が少ないルールのほうが、平均ではたいていリターンが大きくなる。わずかに買われ過ぎの銘柄を空売りすれば、下落はそれほど大きくない可能性が高い。しかし、極端に買われ過ぎになるまで待てば、大幅に下落して利益がもっと増える可能性がはるかに高くなるだろう。

仕掛けのルールとは対照的に、手仕舞いのルールを厳格にしても、その戦略から生じるトレード数にはほとんど影響しない。しかし、仕掛けのルールと同様に、手仕舞いのルールを厳しくするほど、通常は平均利益が増える。どうしてだろうか？　コナーズRSIを利用した株の空売りのような戦略では平均回帰を利用するのだが、手仕舞いのルールが厳しいほどトレードは長く続きやすいため、この平均回帰の動きに出合う機会が増えるからだ。というわけで、仕掛けでは、トレード数を増やして、なおかつ利益を高めるのは難しい。また、手仕舞いでは、トレード期間を短くしながら、1トレード当たりの利益を高めるのは難しい。

＊　＊　＊　＊　＊　＊　＊

　では、第3部で取り上げている戦略に戻ろう。次の表では5つの変数の組み合わせを比較しているが、何日間での最高値か（10日）、指値を終値の何％上に置くか（6％）、仕掛けで変動指値を使うか（使わない）、手仕舞い法（コナーズRSI＜30）の4つでは同じ値を使っている。異なるのは、仕掛けでのコナーズRSIの値だけである。

仕掛けでコナーズRSIの値が及ぼす影響

トレード数	平均損益	平均保有日数	勝率	仕掛けでのコナーズRSI	何日間での最高値か	指値を前日の終値の何％上に置くか	仕掛けで変動指値を使うか	手仕舞い法
3209	2.41%	4.69	69.43%	75	10	6	N	CRSI＜30
2635	2.55%	4.66	69.56%	80	10	6	N	CRSI＜30
1799	2.76%	4.53	70.71%	85	10	6	N	CRSI＜30
898	3.47%	4.27	71.71%	90	10	6	N	CRSI＜30
279	4.47%	4.00	74.19%	95	10	6	N	CRSI＜30

N＝使わない　　CRSI＝コナーズRSI

この表で最も緩い仕掛けは、仕掛けでのコナーズRSIの値が75の1行目だ。ここでは、トレードシグナル数は最も多いが、1トレード当たりの平均利益は最も低い点に注目してほしい。コナーズRSIの値を高くして仕掛けのルールを厳しくするほど、トレードシグナル数は減っていくが、1トレード当たりの平均利益は上がっていく。コナーズRSIの値が95の仕掛けは75の場合よりも平均損益が2倍近くになるが、トレード数は10分の1以下になる。

指値を前日の終値の何％上に置くかを除いて、すべての変数を一定にしていても、当然ながら同じパターンが現れる。セットアップの条件を一定にしておくと、前日の終値よりも少なくとも10％急騰した銘柄数よりも、2％以上上昇した銘柄数のほうが明らかに多い。

指値を置く位置を変えた組み合わせ

トレード数	平均損益	平均保有日数	勝率	仕掛けでのコナーズRSI	何日間での最高値か	指値を前日の終値の何％上に置くか	仕掛けで変動指値を使うか	手仕舞い法
5422	1.41%	4.77	67.54%	85	10	2	N	CRSI < 30
3078	2.13%	4.64	69.36%	85	10	4	N	CRSI < 30
1799	2.76%	4.53	70.71%	85	10	6	N	CRSI < 30
1119	3.23%	4.52	71.58%	85	10	8	N	CRSI < 30
745	4.09%	4.44	73.42%	85	10	10	N	CRSI < 30

N＝使わない　　CRSI＝コナーズRSI

仕掛けのルールを厳しくするほどトレード数は減るが、平均利益は高くなることが確認できた。それでは、手仕舞いのルールを見ることにしよう。ここでは、セットアップと仕掛けの条件を一定にしておき、手仕舞い法を変える。

手仕舞い法が異なる変数の組み合わせ

トレード数	平均損益	平均保有日数	勝率	仕掛けでのコナーズRSI	何日間での最高値か	指値を前日の終値の何％上に置くか	仕掛けで変動指値を使うか	手仕舞い法
1834	2.36%	1.75	68.70%	85	10	6	N	初めて下げた終値
1825	2.62%	2.56	70.08%	85	10	6	N	CRSI < 40
1803	2.64%	4.07	70.55%	85	10	6	N	Close < MA(5)
1799	2.76%	4.53	70.71%	85	10	6	N	CRSI < 30
1743	2.95%	11.76	70.22%	85	10	6	N	CRSI < 20

N＝使わない　CRSI＝コナーズRSI　Close＝終値　MA(5)＝5日移動平均線

　前に予想したように、5つの組み合わせのすべてにおいて、トレードシグナル数は非常に似ていた。トレード数は1743回から1834回の範囲に入り、平均の1801回からプラス・マイナス3％に収まっている。しかし、最も緩い手仕舞い法を使った変数（終値で見て初めて下げた日に手仕舞う）では、平均利益は最も厳しい手仕舞い法を使った場合の80％にまで落ちる。

　さらに目立つのはトレード期間の違いで、それは1.75日から11.76日までの広がりがある！　また、表の2行目と3行目を比べるのも面白い。コナーズRSI＜40を利用した手仕舞い法では、点灯したトレードシグナル数は1825回、1トレード当たりの平均利益は2.62％、平均保有期間は2.56日だった。一方、終値＜5日移動平均線による手仕舞い法では、トレード数（1803回）と平均利益（2.64％）はほぼ同じだったが、平均保有期間は4日だった。これら2つの組み合わせだけから戦略を選んでいる場合ならば、最初の変数を使って素早く利食いをするほうが明らかに望ましいだろう。この場合は、トレードを長く続けても、得られる利益はごくわずかしか増えなかった。

　この知識を押さえておけば、あなたのトレード計画に最もふさわしいトレードシグナル数や平均損益、保有平均日数が得られそうな変数を選ぶことができるだろう。

第6章　オプションを利用する

Using Options

　オプションのトレードは、ここ数年の間にマーケットで大きく成長した分野である。これは売買スプレッドが小さくなり、流動性が高まり、複雑なオプションをかつてないほど簡単にトレードできるようになったためである。

　では、ここまで説明してきた短期的な値動きを利用して、オプションをトレードする方法に焦点を合わせよう。ここでの戦略すべてに言えるが、シグナルが点灯したときにオプションのトレードを行うには、明確なルールがある。

　データに基づいて言えることは、次のとおりだ。

1．仕掛けから手仕舞いまでの期間の大半は非常に短かった（2～12日）。
2．1トレード当たりの平均利益は大きく、短期の標準的な値動きを大幅に超えていた。
3．値動きのかなりの割合がトレード方向に動いた。

　私たちがこの種のパターンを見るとき、多くの戦略が考えられるが、ひとつの戦略が目立って良い（これは、プロトレーダーたちも認めている）。この戦略では、期近でイン・ザ・マネーのプットを買う。

なぜ、期近のイン・ザ・マネーのプットを買うのか？　それらが、連動する銘柄に最も近い値動きをするからだ。そして、オプションが原資産に近い動きをするほど、その動きが思惑どおりであれば、利益が高くなるからだ。

　売買ルールは次のとおりだ。

1．シグナルが点灯する。
2．期近のイン・ザ・マネーのプットを買う。通常、ある銘柄を500株空売りするのなら、プットを5枚買う（100株はプット1枚に等しい）。
3．原資産の銘柄で手仕舞いのシグナルが点灯すれば、オプションを手仕舞う。

　先を進めよう。

1．イン・ザ・マネーとは具体的に何を意味するのか？
　ここでの場合、権利行使価格が原資産価格を上回る最初もしくは2番目のオプションという意味だ。株価が48ドルでオプションの権利行使価格が5ドル刻みであれば、50ドルか55ドルのプットを買えばよい。

2．どうして期近なのか？
　保有期間が非常に短いので、満期日が最も近いオプションでトレードを行うほうがよいからだ。ただし、期近のオプション満期日から7日以内（つまり、第2水曜日以降）であれば、翌限月でトレードを行う。

3．ポジションを取っていて満期日を迎えたが、原資産である株の売買シグナルがまだ有効であるときは、どうするか？

その場合は、翌限月に乗り換える。その銘柄のシグナルに合わせてトレードを行っているのなら、シグナルが有効であるかぎり、ポジションを取り続けたほうがよいからだ。

4．流動性とスプレッドについてはどうだろう？

ここでは慎重さが要求される。オプションで流動性が正確に何を意味するかについて、明確なルールはない。多くのトレーダーは目安とする最低限の出来高や建玉から流動性を判断している。

そのオプションが活発に取引されているのなら、売買スプレッドを見よう。オプションの気配値が買い3.00ドル、売り3.30ドルであれば、スプレッドは10％である。本当に10％のスプレッドを克服して、利益を出せるだろうか？　それはありそうにない。では、気配値が買い3.25ドル、売り3.30ドルのオプションならどうだろう。これならずっと満足できて、取引可能だ。

5．株そのものを空売りする代わりに、プットオプションを買う利点は何だろう？

流動性があり、スプレッドも小さければ、利点は大きい。

1. 投資資金に対する収益が大きくなる可能性がある。
2. 縛られる資金が少なくて済む。
3. リスクにさらされる資金の比率が小さい。つまり、50ドルの株を空売りすれば、理屈では損失は無限になる可能性がある。しかし、オプションであれば、代金として支払うプレミアム以上は失わないという意味だ。だから、55ドルのプットを買えば、リスクはプレミアムだけだ。
4. 柔軟性が大きい。例えば、ある銘柄の空売りのシグナルが50

ドルで点灯して、55ドルのプット代として5.50ドルを払ったとしよう。その銘柄がすぐに下落すれば（46ドルとしよう）、そこで選択の余地が生じる。あなたは手仕舞ってもよいし、資金のほとんどを回収した上で、50ドルのプットに乗り換えてもよい。価格がそのまま下落し続けると思っているのなら、これはほとんどリスクなしのトレードになる。

　このような例は無数にある。そして、この種の戦略を用いる機会に関しては、オプションに関するほとんどの本に載っている。しかし、特殊なオプションのトレードや、単にプットを買う以外のトレードは、私たちが質問した多くの専門家のアドバイスに反する。

　結論として、オプションは株そのものを空売りする代わりの良い選択肢になる。私たちの戦略でのトレード法では、期近のイン・ザ・マネーを使い、株のトレードと等しいサイズ（100株につき1枚のオプション）で仕掛けて、原株で手仕舞いのシグナルが点灯したときに手仕舞う。

　多くの専門家の意見によると、このオプション戦略は、それらのシグナルで過去のデータを見たときに、最も優れていて最も効率的な戦略である。

第7章 終わりに

Additional Thoughts

1. 第3部で分かったように、コナーズRSIを用いる株の空売り戦略を一貫して用いれば、大きなエッジがあることがデータで示された。
2. あなたが使える変数の組み合わせは文字どおり何百通りもある。ルールで述べた変数を調整すれば、その戦略を自分のトレードに合わせて変えることができる。トレード回数を増やしたければ、仕掛けでのコナーズRSIの値が低い変数か、最高値を見るときの期間が短い変数を見ればよい。平均リターンを大きくしたければ、最も厳しい仕掛けの基準（コナーズRSIの値が高くて指値をもっと上に置く変数）と、最も長い保有期間（コナーズRSIの値が20を下回ったときに手仕舞う方法）を持つ変数の組み合わせを調べるとよい。仕掛けと手仕舞いを素早く行い、トレードを翌日に持ち越すリスクを減らして資金をほかのトレードに振り向けられるようにしたいのであれば、最初に下げて引けた日に手仕舞う変数を試すとよい。
3. 損切りのストップ注文についてはどうだろうか（これに対する答えはすべての戦略ガイドブックで取り上げている）。

    私たちは、『コナーズの短期売買入門』（パンローリング）を含めた出版物で、ストップ注文についてのリサーチを発表してきた。

私たちが発見したことは、損切りのストップ注文を置くとパフォーマンスが落ちやすく、多くの場合、エッジがまったく消えるということだった。たしかに、空売りをした銘柄が上げ続けているときに、ストップ注文で損切りできれば気分が良い。一方で、多くの短期トレード戦略について最大20年の検証をした結果では、ストップを置くと頻繁に損切りをさせられて、多くの損失が積み重なっていくことが示されている。ほとんどのトレード戦略では、こうした損失の蓄積を克服できない。

　多くのトレーダーは損切りのストップを必ず置かなければならない。そうすることで、彼らは特に難しいトレードでも心理的に受け入れることができるからだ。ストップを使うかどうかは、自分で決めるべきことだ。だが、概して言えば、ストップを置くと、ここで紹介した戦略やほかの多くの短期戦略で得られるエッジは低くなる。繰り返すが、ストップを置くかどうかは、あなた自身が決めるべきことだ。私たちはどちらの手法を使うトレーダーにも、成功者がいることを知っている。

4. 検証では、スリッページと手数料は考慮に入れていない。それらを考慮に入れて（仕掛けでは指値を使っているので、スリッページは問題にならない）、取引費用が可能なかぎり最低になるようにしよう。現在では、ほとんどの証券会社において、1株当たり1セント以下で取引できる。だから、特にあなたが活発にトレードをするのなら、自分にふさわしい証券会社を選ぼう。オンライン証券会社はあなたと取引をしたがっている。

　このコナーズ・リサーチ社のトレード戦略シリーズを楽しんでいただけていたら幸いである。この戦略について質問があれば、遠慮なく電子メール（info@connorsresearch.com）を送っていただきたい。

第4部

コナーズRSIを利用した
ETFの上級トレード戦略

Advanced ConnorsRSI for ETF

第1章 はじめに

Introduction

　私たちはコナーズRSIのリサーチを現在も続けているが、この指標をセットアップの条件に組み込んだ戦略では驚異的な結果を出し続けている。この第4部では、多くの変数で90％以上の勝率がある戦略について詳しく述べる。勝率の高さに加えて、この戦略では平均して大きな利益を得られ、多くの場合で10％以上の利益を出している。保有期間は多くの変数で2日に満たず、ほぼすべての変数で3日に満たない。

　この戦略の成功はコナーズRSIによるもので、この指標からは貴重な情報を入手できる可能性が高い。なぜなら、この指標はどの程度、買われ過ぎや売られ過ぎになっているかを数値で示すだけでなく、最近のトレンドの長さや直近の値動きの大きさも考慮しているからだ。これらの要素をひとつの指標にまとめているために、最高のトレード機会を特定できるのだと考えられる。従来のモメンタム指標は価格がどれほど買われ過ぎや売られ過ぎであるかを数値で示すだけであり、その計算方法のために、実際の動きよりもかなり遅れることが多い。コナーズRSIは現在の相場に敏感に反応するように作られているという点が際立っている。

　言うまでもなく、トレーダーは成功するための新しいツールやアイデアを欲しがっている。RSI（相対力指数）は1978年に初めて公開さ

れたが、多くのトレーダーはいまだに、1970年代のデータに基づいたルールをまったく変えずに使っている。マーケットは過去35年に大いに変わったが、RSIを典型的な初期設定のまま使っているトレーダーはそれらの変化に対応していない。

　マーケットは徐々に変わってきたが、時を経ても変わらない基本ルールもある。市場価格は短期的には平均回帰をする傾向がある。これが、買われ過ぎや売られ過ぎの指標が効果を発揮する理由である。価格があまりにも速く、あまりにも大きく動きすぎると、反転する可能性が高くなる。トレーダーが対処すべき問題は、「あまりにも速く、あまりにも大きく」の意味をどうすれば具体的な数値で示せるかである。

　私たちは長年にわたって、この問題の解決に役立つ多くのツールを定量化してきた。この第4部以外や前著の**『高勝率システムの考え方と作り方と検証』**（パンローリング）で示してきたように、またこの第4部でも示すように、コナーズRSIは極めて効果的である。ここで述べる戦略にひとつの欠点があるとすれば、点灯するトレードシグナル数が少ないことだ。この欠点を克服するには、いくつかの戦略を併用してトレードを行うのが一番だ。分散化とは通常、複数の異なるセクターの銘柄を保有すべきという意味で理解されている。だが、これはトレード戦略にも当てはめられるべきであり、コナーズRSIを利用した上級戦略は分散化したトレード計画のひとつとして、多くのトレーダーの役に立つと私たちは考えている。

　コナーズ・リサーチ社の戦略シリーズを今回も楽しんでいただければ幸いである。

第 2 章　戦略のルール

Strategy Rules

　この戦略でも、セットアップ、仕掛け、手仕舞いという単純な3段階でトレードを行う。

　コナーズRSIを利用したETFの上級トレード戦略のセットアップは、次の条件のすべてが満たされたときに整う。

1. 直近21日間（約1カ月）の1日の平均出来高が少なくとも12万5000口ある。
2. 直近21日間の1日の最低出来高が少なくとも5万口ある。
3. コナーズRSI（3、2、100）の値がN日の間、Xを下回っている。ここでNは1、2、3のいずれかを、Xは5、10、15、20のいずれかを使う。

　セットアップが整ったら、次の条件で仕掛ける。

4. ETFを買うために、昨日の終値よりもY％下に指値を置く。Yは1、2、3、4、5のいずれかを使う。

　または、

5. 昨日の終値よりもZ×ATR（10）下に指値を置く。ここで、Zは0.5か1.0を使う。ATR（10）とは、10日ATRのことである。ATR（真の値幅の平均）の詳しい説明については付録を見てもらいたい。

仕掛けたあとは、次の方法から事前に選んでおいたひとつを用いて手仕舞う。

6a．ETFの終値が前日の終値よりも高い。私たちは通常、この手仕舞いを「終値で見て初めて上げた日」と称する。
6b．コナーズRSIの値が50を超えて引ける。
6c．コナーズRSIの値が70を超えて引ける。
6d．終値が3日移動平均線を超えている。
6e．終値が5日移動平均線を超えている。

手仕舞いはシグナルが点灯した日の大引けに行われる。

各ルールをもう少し詳しく見て、どうしてそれらを戦略に含めるのかを説明しよう。

ルール1とルール2によって、流動性が非常に高いために売買が容易で、売買スプレッドが狭いために取引コストが少ないETFを仕掛けることができる。

ルール3では、コナーズRSIを使って売られ過ぎのETFを特定する。コナーズRSIの詳しい説明については、第1部の付録を見てもらいたい。私たちはコナーズRSIの値（X）が5、10、15、20のいずれかを下回って、売られ過ぎであることを条件にしている。Xに大きな値を使うと、より多くのトレードができる。一方、小さな値を使うと勝率が上がる。同じことは日数（N）についても言える。日数が短いと、トレードシグナル数は多くなる。一方、日数を増やすと、勝率が上が

る。

　ルール４とルール５によって、最適な価格で仕掛けることができる。セットアップのルールを使って、売られ過ぎの銘柄を特定する。そして、この仕掛けのルールで、日中にさらに売られ過ぎになるまで待つ。

　ルール６で、明確な手仕舞い法を示す。定量化され、体系だっていて、規律がある手仕舞いのルールを持つ戦略はほとんどない。ルール６が示す手仕舞いの明確な変数は、過去８年近くの検証結果で裏付けられたものだ。ほかの戦略のすべての変数と同じく、私たちは使う手仕舞い法を事前に決めておき、トレードでそのルールを一貫して用いる。

　ルール６ａでは、仕掛けたあとに高く引けたときに手仕舞う。この場合、仕掛けた翌日に多くのトレードを手仕舞えるので、可能なかぎり早く手仕舞いたいトレーダーにとっては理想的な手仕舞い戦略である。

　ルール６ｂとルール６ｃでは、コナーズRSIを使って手仕舞いを定義する。私たちの過去の戦略の多くでは、２日RSIを使って売られ過ぎや買われ過ぎの銘柄を特定していた。最近のリサーチによると、コナーズRSIのほうがもっと効果的な指標であることが分かった。

　ルール６ｄとルール６ｅでは、移動平均線を使って手仕舞う。これはよく使われる手仕舞い戦略で、効果的でもある。

　検証では、手仕舞いのシグナルが点灯した日の大引けに、すべてのトレードを手仕舞っている。これでは不都合であれば、翌朝の寄り付き近くで手仕舞えばよい。私たちのリサーチによると、それでも通常は同様の結果が得られる。

　では、典型的なトレードがチャート上でどう見えるかを確認しておこう。

次の例では、コナーズRSI（3、2、100）の値が2日連続で20を下回ることを条件にする変数を使う。これはルール3で、N＝2、X＝20を使うということだ。仕掛けでは、昨日の終値よりも4％下に指値を置く。これはルール4でY＝4という意味だ。そして、コナーズRSIが70を超えたら手仕舞う。この手仕舞い法は、ルール6cで定義されている。

図1　UGAZのトレード

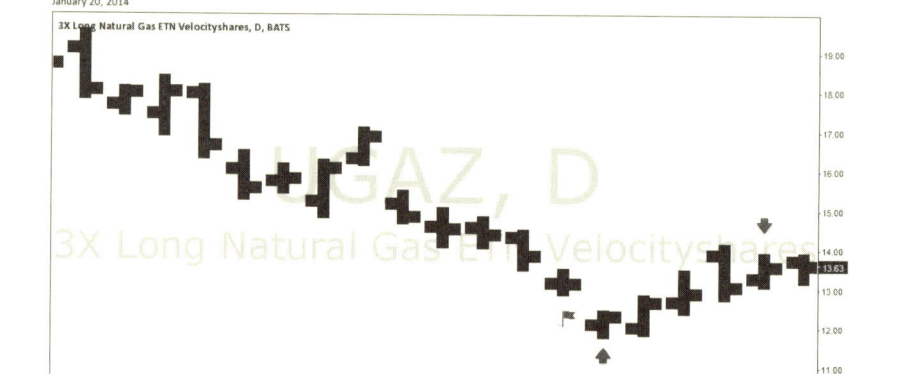

このチャートは、ベロシティシェアーズ・3×ロング・天然ガスETNのもので、取引コードはUGAZである。チャートの上段は日足を示している。日足の下の旗印はセットアップが整った日、上向きの矢印は仕掛けた日を示す。手仕舞いのルールが満たされた日は下向きの矢印で示している。

2013年11月1日の21日平均出来高は150万口であり、最低条件の12万5000口を大きく超えているので、ルール1を満たしている。

セットアップが整う前の21日間での1日の最低出来高は56万9400口であり、最低条件の5万口を優に超えているため、ルール2も満たしている。

ルール3では、コナーズRSI（3、2、100）の値が2日連続で20を下回ることを条件にしている。コナーズRSIは10月31日に14.75だった。そして、11月1日の値は9.47である。11月1日の金曜日の大引けで、セットアップの条件はすべて整った。

セットアップのルールは3つとも整ったので、翌取引日である月曜日の11月4日に指値注文を入れる。私たちが選んだ戦略の変数では、セットアップが整った日の終値よりも4％下に指値を入れることになっているので、指値は次のようになる。

指値＝終値×（1－終値から指値までの％）
　　＝13.15ドル×0.96＝12.62ドル

11月4日に、このETNは12.13ドルで寄り付いた。これは指値を下回っているので、指値注文は寄り付きで約定し、始値の12.13ドルで買う。

この日のコナーズRSIは大引けで6.55だった。ルール6ｃでは、この値が70を上回って引けるときに手仕舞うことになっている。11月5日に、コナーズRSIは62.13まで上昇した。その後の3日間に値は着実に上昇し、11月8日に81.64に達して、売りシグナルが点灯した。この日に、ETNは13.59ドルで引けた。

私たちは終値の13.59ドル近くで手仕舞い、このトレードで手数料を別にして12.0％の利益を得る。

損益＝上昇分（または下落分）÷約定値
　　＝（13.59ドル－12.13ドル）÷12.13ドル

　　　　= 1.46ドル ÷ 12.13ドル = 12.0％

　では、わずかに異なる変数を用いた例を見よう。この例では、コナーズRSI（3、2、100）の値が1日、5を下回ることを条件にしている。これはルール3で、N＝1、X＝5という意味である。仕掛けでは、昨日の終値の1.0×ATR（10）下に指値を置く。これはルール5で、Z＝1.0という意味だ。そして、コナーズRSIが50を超えたら手仕舞う。この手仕舞い法はルール6ｂの定義に従っている。

図2　AGQのトレード

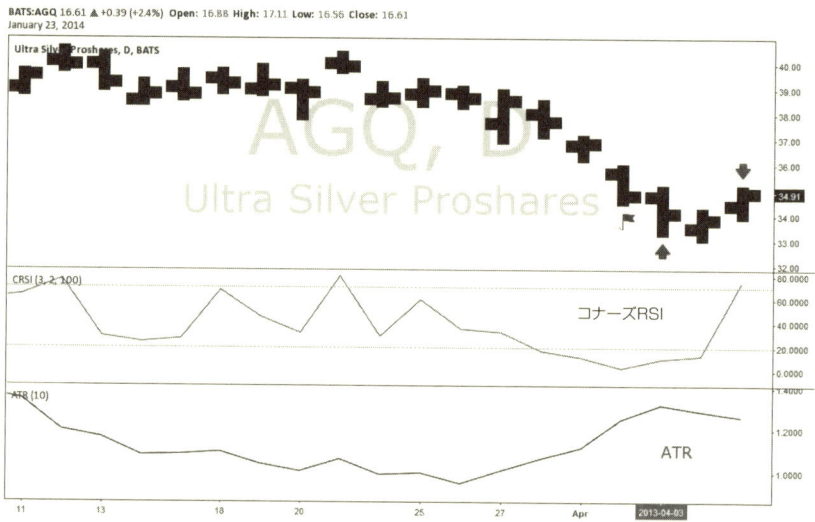

　このチャートはプロシェアーズ・ウルトラ・シルバーETFのもので、取引コードはAGQである。前の例と同じく、上段は日足を示す。旗印はセットアップが整った日を、上向きの矢印は仕掛けた日を示す。手仕舞いのルールが満たされた日は下向きの矢印で示している。

　2013年4月2日の21日平均出来高は110万口であり、最低条件の12

万5000口を大きく超えているので、ルール1を満たしている。

セットアップが整う前の21日間での1日の最低出来高は68万3600口であり、最低条件の5万口を優に超えているためルール2も満たしている。

ルール3では、コナーズRSI（3、2、100）の値が1日、5を下回ることを条件にしている。4月2日のコナーズRSIは3.18だった。ETFの終値は34.81ドルだったので、セットアップの条件は4月2日の大引けにすべて整った。

セットアップのルールは3つとも整っているので、翌日の4月3日に指値注文を入れる。私たちが選んだ変数では、セットアップが整った日の終値よりも1.0×ATR（10）下に指値を置く（ルール5）。4月2日のATR（10）は1.28ドルだったので、指値は次のようになる。

指値＝終値－ATR（10）
　　＝34.81ドル－1.28ドル＝33.53ドル

4月3日に、この銘柄は33.48ドルまで下げたので、指値注文は約定する。それで、私たちは指値の33.53ドルでこのETFを買う。

コナーズRSIはこの日の大引けで10.23だった。ルール6ｂでは、コナーズRSIが50を超えて引けたときに手仕舞うことになっている。2日後の4月5日にコナーズRSIが74.56まで上昇して、この条件を満たしたので、売りシグナルが点灯した。その日は34.91ドルで引けた。

私たちは終値の34.91ドル近くで手仕舞う。このトレードによる利益は、手数料を別にして1日で4.1％になる。

損益＝上昇分（または下落分）÷約定値
　　＝（34.91ドル－33.53ドル）÷33.53ドル
　　＝1.38ドル÷33.53ドル＝4.1％

これでトレードの仕組みはよく分かったと思うので、異なる変数の組み合わせについて過去の検証結果を見ていこう。

第3章 検証結果

Test Results

　あるトレード戦略に従うと将来にどういう結果が得られるか、それを事前に知ることは不可能である。だが、この第4部で述べているような完全に定量化された戦略では、少なくとも過去の結果がどうだったかの検証はできる。この手続きは「バックテスト」と呼ばれている。

　バックテストを実行するときにはまず、戦略を検証したい証券グループ（監視リストと呼ばれることもある）を選ぶ。この戦略の監視リストは、流動性があって出来高の条件を満たした、レバレッジ型と非レバレッジ型の株式ETFから成る。以降の表では、レバレッジ型ファンドを含む場合と含まない場合を示す列を設けている。そのため、得られそうなリターンと比べて、レバレッジ型ファンドに伴うリスクを受け入れられるかどうかの判断に役立つだろう。

　次に、検証する期間を選ぶ。通常、バックテストの期間が長いほど信頼性は高まり、得られる結果も役に立つ。このガイドブックでは、2006年1月にバックテストを始めて、私たちがこれを書いている時点で最新データが得られる2013年11月末まで続けた。

　最後に、全検証期間で、仕掛けと手仕舞いのルールを監視リストの各銘柄に当てはめて、仕掛けることができた変数の全データを記録して集計した。

　バックテストで得られる重要な統計のひとつは平均損益で、1トレ

ード当たりの平均利益とも言われる。これを「エッジ」と呼ぶトレーダーもいる。平均損益は、％で表した利益と損失のすべてを、全トレード数で割った値である。次の10トレードを考えてみよう。

トレード番号	損益
1	1.7%
2	2.1%
3	-4.0%
4	0.6%
5	-1.2%
6	3.8%
7	1.9%
8	-0.4%
9	3.7%
10	2.6%

平均損益は次のように計算する。

平均損益 ＝ （1.7％＋2.1％－4.0％＋0.6％－1.2％
　　　　　　＋3.8％＋1.9％－0.4％＋3.7％＋2.6％）÷10

平均損益＝1.08％

　平均損益とは、投資した資金、つまり、各トレードを仕掛けるときに実際に使った資金に対する平均利益である。
　３日に満たない短期トレードでは、ほとんどのトレーダーは全トレードで1.0％ほどの平均損益を目指している。この損益を持続できれば、投資家は１年で資金を２倍にできる。ほかの条件がすべて同じであれば、平均損益が大きいほど口座資金は増えていくだろう。もちろん、ほかの条件がすべて同じということはけっしてない！　特に、ト

レード数と平均損益を合わせて見ることが重要である。各トレードを仕掛けるときにほぼ同額の資金を使うとすると、10％の利益を上げるトレードを1回行うよりも、10回のトレードを行って、1トレード当たり4％の平均利益を得るほうがはるかに儲かるだろう。

　もうひとつの重要な統計は勝率だ。これは単に、利益が出たトレード数を全トレード数で割った値である。前の表では、10回のトレードのうち7回のトレードで利益が出ていて、リターンはプラスになっている。この例での勝率は7÷10＝70％になる。

　平均損益が十分に高いときでも、どうして勝率を気に掛けるのか？

　それは一般に、勝率が高いほうが、ポートフォリオの純資産がより滑らかに上がっていくからだ。負けトレードは「集中」する傾向があり、そうなると、ポートフォリオの純資産は下がる。これはドローダウンと呼ばれている。純資産が下がると眠れなくなるか、トレードを放棄しようとさえ考えかねない。負けトレードが少ない、つまり勝率が高ければ、損失が集中しにくくなるため、ポートフォリオの純資産は激しく変動するのではなく、滑らかに拡大しやすくなる。

　　　　　　　　＊　＊　＊　＊　＊　＊　＊　＊

　それでは、コナーズRSIを利用したETFの上級トレード戦略の検証結果を、さまざまな変数の組み合わせで見ていこう。

　次の表は、平均損益が最も高い順に検証結果を並べた、トップ20の変数の組み合わせを示す。結果にゆがみが生じないように、7年余りの検証期間で点灯したトレードシグナル数が100に満たない変数はすべて除外した。

平均利益に基づくトップ20の変数の組み合わせ

トレード数	平均損益	平均保有日数	勝率	仕掛けでのコナーズRSI	コナーズRSIの値を下回る日数	指値を前日の終値の何%下に置くか	手仕舞い法	レバレッジ型ファンドを含むか
139	13.78	1.91	95.68%	5	1	5%	C > MA(5)	
139	12.56	1.44	93.53%	5	1	5%	C > MA(3)	
139	12.45	1.55	92.81%	5	1	5%	CRSI > 70	
168	12.16	2.17	91.07%	5	1	5%	C > MA(5)	Y
165	11.05	2.32	93.33%	5	1	4%	C > MA(5)	
168	10.91	1.63	88.69%	5	1	5%	C > MA(3)	Y
168	10.69	1.69	87.50%	5	1	5%	CRSI > 70	Y
139	10.68	1.09	93.53%	5	1	5%	CRSI > 50	
139	10.50	1.04	92.81%	5	1	5%	終値で見て初めて下げた日	
165	9.94%	1.70	88.48%	5	1	4%	C > MA(3)	
165	9.90%	1.87	88.48%	5	1	4%	CRSI > 70	
164	9.67%	2.51	95.12%	10	2	5%	C > MA(5)	Y
142	9.47%	2.42	96.48%	10	2	5%	C > MA(5)	
168	9.40%	1.15	88.69%	5	1	5%	CRSI > 50	Y
211	9.30%	2.59	87.68%	5	1	4%	C > MA(5)	Y
168	9.24%	1.12	88.10%	5	1	5%	終値で見て初めて下げた日	Y
196	8.67%	2.62	91.84%	10	2	4%	C > MA(5)	Y
116	8.47%	2.53	91.38%	15	3	5%	C > MA(5)	
137	8.45%	2.55	89.05%	15	3	5%	C > MA(5)	Y
161	8.36%	2.55	93.79%	10	2	4%	C > MA(5)	

C＝終値　MA(5)＝5日移動平均線　MA(3)＝3日移動平均線　CRSI＝コナーズRSI　Y＝含む

次は各列についての説明だ。

トレード数とは、2006年1月1日から2013年11月30日の間にこの変数の組み合わせでシグナルが点灯した回数である。

平均損益とは、投資した資金に対して、負けトレードを含む全トレードの平均利益または平均損失を見たものである。トップ20の変数は7年余りの検証期間に、8.36〜13.78％の利益を上げた。

平均保有日数とは、平均トレード期間の日数である。この変数の幅は比較的小さく、平均はわずか1.9日である。

勝率とは、シミュレーションをしたトレードのうちで利益が出た割合である。検証期間の平均勝率は91.40％だった。最も勝率が劣る変数の組み合わせでも、87.50％だった。最も良い組み合わせは96.48％だった。多くのトレーダーが勝率50〜60％を目指している世界にあっ

て、これは高い勝率である。

　仕掛けでのコナーズRSIの値は、戦略のルール3に対応する。表の値はXを示している。このルールでは、コナーズRSI（3、2、100）の値がN日の間、Xを下回っていることが必要である。ここでNは1、2、3のいずれかを、Xは5、10、15、20のいずれかを使う。この表では、トップ11の変数の組み合わせはすべてX＝5（最も厳しい仕掛けの条件）であった。

　コナーズRSIの値を下回る日数とは、ルール3のNのことである。例えば、N＝1であれば、1日だけコナーズRSIの値がX（仕掛けでのコナーズRSIの限界値）を下回ると、セットアップは整う。この表では、トップ11の組み合わせはすべて、N＝1（最も緩い仕掛けの条件）であった。

　指値を前日の終値の何％下に置くかは、戦略のルール4とルール5に対応していて、仕掛けでの指値を決める。ここではセットアップが整った日の終値よりも1％、2％、3％、4％、5％下の指値で検証した。また、終値よりもATR（10）の0.5倍と1倍下に指値を置く場合についても検証した。この表では、セットアップが整った日の翌日に、終値よりも4％か5％下に指値を置いて仕掛けている。

　手仕舞い法とは、ルール6で述べたように、この戦略で手仕舞うのに用いたルールのことである。使った手仕舞いルールは表の中で示している。

　レバレッジ型ファンドを含むかでは、監視リストにそれらが含まれているかどうかを示している。この項目が空白の行では、レバレッジ型ファンドを検証に含めなかったことを示している。レバレッジ型ファンドは非レバレッジ型ファンドの1日の値動きよりも2倍か3倍大きく動く。これらのファンドはどの投資家にも向いているわけではない。

それでは、検証で勝率が最も高かった変数の組み合わせを見ておこう。

勝率に基づくトップ20の変数の組み合わせ

トレード数	平均損益	平均保有日数	勝率	仕掛けでのコナーズRSI	コナーズRSIの値を下回る日数	指値を前日の終値の何％下に置くか	手仕舞い法	レバレッジ型ファンドを含むか
142	9.47%	2.42	96.48%	10	2	5%	C > MA(5)	
139	13.78	1.91	95.68%	5	1	5%	C > MA(5)	
164	9.67%	2.51	95.12%	10	2	5%	C > MA(5)	Y
142	7.90%	1.75	94.37%	10	2	5%	C > MA(3)	
161	8.36%	2.55	93.79%	10	2	4%	C > MA(5)	
142	7.89%	1.84	93.66%	10	2	5%	CRSI > 70	
139	12.56	1.44	93.53%	5	1	5%	C > MA(3)	
139	10.68	1.09	93.53%	5	1	5%	CRSI > 50	
165	11.05	2.32	93.33%	5	1	4%	C > MA(5)	
139	12.45	1.55	92.81%	5	1	5%	CRSI > 70	
139	10.50	1.04	92.81%	5	1	5%	終値で見て初めて下げた日	
164	7.88%	1.80	92.68%	10	2	5%	C > MA(3)	Y
164	7.81%	1.95	92.07%	10	2	5%	CRSI > 70	Y
196	8.67%	2.62	91.84%	10	2	4%	C > MA(5)	Y
116	8.47%	2.53	91.38%	15	3	5%	C > MA(5)	
168	12.16	2.17	91.07%	5	1	5%	C > MA(5)	Y
200	7.15%	2.70	91.00%	10	2	3%	C > MA(5)	
243	7.52%	2.72	90.12%	10	2	3%	C > MA(5)	Y
161	6.66%	1.84	89.44%	10	2	4%	C > MA(3)	
137	8.45%	2.55	89.05%	15	3	5%	C > MA(5)	Y

C＝終値　MA(5)＝5日移動平均線　MA(3)＝3日移動平均線　CRSI＝コナーズRSI　Y＝含む

トップ20はすべて、トレード数の89％以上で利益を出していた！ このリストと前の平均損益で見たリストはかなり重なっている。これは、過去データで検証したときの私たちの戦略の変数に、着実に勝ちトレードを積み重ねつつエッジ（損益）も優れているものがいくつかあることを示す。

第4章 戦略の変数を選ぶ

Selecting Strategy Parameters

　この章では、読者がトレードでどの変数を使うかを決めるにあたって、さらに考慮すべき点について述べておきたい。

　それでは、仕掛けと手仕舞いの考え方について少し述べておこう。仕掛けのルールも手仕舞いのルールも、どれほど厳格であるか、つまりどれほど達成するのがやさしいか難しいかという観点から考えることができる。また、厳格さは、ルールを満たす状況がどれほど頻繁に生じるかどうかの尺度だとも言える。コナーズRSIのようなオシレーターでは、値が中間にあるよりも両極端（0と100）に近いほど厳格で、生じにくくなる。

　仕掛けのルールは厳しいほうが満たされにくいので、通常はより厳しいルールに頼る戦略ほどトレード機会は減るだろう。堅牢な戦略であれば、トレード機会が少ないルールのほうが、平均ではたいていリターンが大きくなる。例えば、コナーズRSIの値が20で、ETFがわずかに売られ過ぎのときに買えば、得られる利益はおそらくそれほど大きくない。しかし、コナーズRSIの値が5以下になって、ETFが極端に売られ過ぎになるまで待てば、価格が大幅に上昇して、利益がもっと増える可能性はずっと大きくなる。

　仕掛けのルールとは対照的に、手仕舞いのルールを厳格にしても、その戦略から生じるトレード数にはほとんど影響しない。しかし、仕

掛けのルールと同様に、手仕舞いのルールを厳しくするほど、通常は平均利益が増える。どうしてだろうか？　コナーズRSIを利用したETFの上級トレード戦略のような戦略では、平均回帰を利用するのだが、手仕舞いのルールが厳しいほどトレードが長く続きやすいため、この平均回帰の動きに出合う機会が増えるからだ。というわけで、仕掛けでは、トレード数を増やして、なおかつ利益を高めるのは難しい。また、手仕舞いでは、トレード期間を短くしながら、１トレード当たりの利益を高めるのは難しい。

*　*　*　*　*　*　*

では、第4部で取り上げている戦略に戻ろう。

セットアップが整う条件には、コナーズRSIの値（ルール3のX）と、その値を下回る日数（ルール3のN）という2つの変数がある。これらの値を変えると、トレード数を増減させることができる。

セットアップが整ったあとの仕掛けのルールも2つあり、それら（ルール4と5）の値も変えることができる。

次の表では、4つの戦略を比較しているが、いずれでも、コナーズRSIの基準を1日（N＝1）下回ったときをセットアップが整ったとみなし、その日の終値よりも3％下に指値を置いて仕掛けている。また、手仕舞いもすべてで同じ方法を使う（終値で見て初めて上げた日）。異なるのは、ETFを売られ過ぎと判断するときに使う値だけである。

仕掛けでのコナーズRSIの値が及ぼす効果

トレード数	平均損益	平均保有日数	勝率	仕掛けでのコナーズRSI	コナーズRSIの値を下回る日数	指値を前日の終値の何％下に置くか	手仕舞い法	レバレッジ型ファンドを含むか
3,540	1.84%	1.51	71.72%	20	1	3	終値で見て初めて上げた日	Y
2,067	2.27%	1.41	73.10%	15	1	3	終値で見て初めて上げた日	Y
935	2.15%	1.46	72.41%	10	1	3	終値で見て初めて上げた日	Y
274	5.01%	1.37	80.66%	5	1	3	終値で見て初めて上げた日	Y

Y＝含む

この表で最も緩い仕掛けは、仕掛けでのコナーズRSIの値が20の1行目だ。ここでは、トレードシグナル数は最も多いが、1トレード当たりの平均利益は最も低い点に注目してほしい。売られ過ぎを判断するときのコナーズRSIの値を低くして、仕掛けのルールを厳しくするほど、トレードシグナル数は減っていく。だが、1トレード当たりの平均利益はたいてい上がる。仕掛けでのコナーズRSIの値が5の場合は20の場合よりも平均損益が3倍近くになる。だが、仕掛けでの条件が厳しいこの変数の場合、トレード数は最も条件が緩い1行目の戦略

のわずか7.7%までに落ちる。

次の表では、仕掛けでのコナーズRSIの値を下回る日数を変えたときに、結果にどう影響するかを見ている。

仕掛けでのコナーズRSIの値を下回る日数が及ぼす効果

トレード数	平均損益	平均保有日数	勝率	仕掛けでのコナーズRSI	コナーズRSIの値を下回る日数	指値を前日の終値の何%下に置くか	手仕舞い法	レバレッジ型ファンドを含むか
929	3.12%	2.68	75.89%	10	1	3%	CRSI > 70	Y
243	5.67%	2.25	85.19%	10	2	3%	CRSI > 70	Y
77	7.37%	1.81	88.31%	10	3	3%	CRSI > 70	Y

CRSI＝コナーズRSI　Y＝含む

１行目のコナーズRSIの値を下回る日数が１日だけでよいものは、条件が最も緩い仕掛けである。この仕掛けがやはりトレードシグナル数は最多になるが、１トレード当たりの平均損益は最も低い。仕掛けのルールを厳しくして、売られ過ぎの状態にある日数を増やすほど、トレードシグナル数は減るが、１トレード当たりの平均損益は上がる。日数が３日の仕掛けは１日のときと比べて、平均損益は２倍以上になるが、トレード数は１日のときのわずか８％まで減る。

指値を前日の終値の何％下に置くかを除いて、すべての変数を一定にしておくときにも、当然ながら同じパターンが現れる。セットアップの条件が同じであれば、前日の終値よりも少なくとも４％以上押す銘柄数よりも、１％以上押せばよい銘柄数のほうが明らかに多い。セットアップが整った日の終値で仕掛ける場合、トレード数は最大になるだろう。

指値を置く位置が及ぼす効果

トレード数	平均損益	平均保有日数	勝率	仕掛けでのコナーズRSI	コナーズRSIの値を下回る日数	指値を前日の終値の何%下に置くか	手仕舞い法	レバレッジ型ファンドを含むか
2,110	1.69%	2.95	70.76%	10	1	1%	CRSI > 70	Y
1,348	2.33%	2.88	71.59%	10	1	2%	CRSI > 70	Y
929	3.12%	2.68	75.89%	10	1	3%	CRSI > 70	Y
683	3.94%	2.58	78.48%	10	1	4%	CRSI > 70	Y
510	4.96%	2.41	80.59%	10	1	5%	CRSI > 70	Y

CRSI=コナーズRSI　Y=含む

　この戦略では、2種類の仕掛けでの指値注文を見る。ひとつは前日の終値よりもY%下に置く指値で、もうひとつはATR（10）に基づく指値である。次の表では、仕掛けのルールだけを変え、ほかの変数をすべて一定にして見る。

異なる仕掛け法から得られる効果

トレード数	平均損益	平均保有日数	勝率	仕掛けでのコナーズRSI	コナーズRSIの値を下回る日数	指値を前日の終値の何%下に置くか	手仕舞い法	レバレッジ型ファンドを含むか
666	2.73%	1.13	80.78%	5	1	1%	CRSI > 50	Y
407	3.90%	1.26	82.31%	5	1	2%	CRSI > 50	Y
274	5.19%	1.42	81.39%	5	1	3%	CRSI > 50	Y
211	7.20%	1.26	83.89%	5	1	4%	CRSI > 50	Y
168	9.40%	1.15	88.69%	5	1	5%	CRSI > 50	Y
601	2.82%	1.24	80.37%	5	1	0.5 x	CRSI > 50	Y
263	6.04%	1.24	82.13%	5	1	1.0 x	CRSI > 50	Y

CRSI=コナーズRSI　Y=含む

　ATR（10）に基づく仕掛けは、トレード数が似ていてY%下に指値を置く仕掛けよりも、勝率と1トレード当たりの平均損益がわずかに良い。例えば、1.0×ATR（10）の仕掛けでは263回のトレードで、3%下に指値を置くときの274回のトレードと似ている。この例では、ATR（10）の仕掛けのほうが、勝率と1トレード当たりの平均損益で上回っている。

仕掛けのルールを厳しくするほどトレード数は減るが、平均利益は高くなることが確認できた。それでは、手仕舞いのルールを見ることにしよう。ここでは、セットアップと仕掛けの条件を一定にしておき、手仕舞い法を変える。

手仕舞い法の効果

トレード数	平均損益	平均保有日数	勝率	仕掛けでのコナーズRSI	コナーズRSIの値を下回る日数	指値を前日の終値の何％下に置くか	手仕舞い法	レバレッジ型ファンドを含むか
274	5.01%	1.37	80.66%	5	1	3%	終値で見て初めて上げた日	Y
274	5.19%	1.42	81.39%	5	1	3%	CRSI > 50	Y
274	5.71%	2.26	81.39%	5	1	3%	CRSI > 70	Y
274	5.86%	2.00	82.12%	5	1	3%	C > MA(3)	Y
274	6.89%	2.91	84.67%	5	1	3%	C > MA(5)	Y

CRSI＝コナーズRSI　C＝終値　MA(3)＝3日移動平均線　MA(5)＝5日移動平均線　Y＝含む

より厳しいルール（コナーズRSI＞70、または終値＞5日移動平均線）のほうが、平均保有日数が増える一方で、1トレード当たりの平均損益も増えているが、勝率にはほとんど影響していない。

この知識を押さえておけば、あなたのトレード計画に最もふさわしいトレードシグナル数や平均損益、平均保有日数が得られそうな変数を選ぶことができるだろう。

第5章 オプションを利用する

Using Options

　オプションのトレードは、ここ数年の間にマーケットで大きく成長した分野である。これは売買スプレッドが小さくなり、流動性が高まり、複雑なオプションをかつてないほど簡単にトレードできるようになったためである。

　それでは、ここまで説明してきたような相場の短期的な値動きを利用して、オプションをトレードする方法に焦点を合わせよう。ここでの戦略すべてに言えるが、シグナルが点灯したときにオプションのトレードを行うには、明確なルールがある。

　先を進める前に、オプションに関するいくつかの用語や考え方を確認しておくと役に立つだろう。

　コールオプションの買い手はオプションの満期日かそれ以前に、権利行使価格で原資産の証券（ETF）を買う権利があるが、義務はない。一般に、原資産である証券の価格が上昇すると、コールオプションの価値も上がる。権利行使価格が原資産の証券の価格を下回っているとき、コールオプションはイン・ザ・マネー（ITM）であると言われ、証券価格を上回っているとき、アウト・オブ・ザ・マネー（OTM）と言われる。例えば、SPY（S&P500ETF）のオプションの権利行使価格が１ドル刻みで、SPYの価格が現在162.35ドルであれば、最初の（原資産価格に最も近い）イン・ザ・マネーのコールオプションは権

利行使価格が162ドルのものである。また、最初のアウト・オブ・ザ・マネーのコールオプションは、権利行使価格が163ドルのものである。

ほとんどのオプション1枚は、原資産のETF100口に相当する。しかし、ほとんどの取引プラットフォームで表示される気配値は1口当たりの価格である。そのため、オプションを買うときの費用は通常、1口当たりの価格の100倍に手数料を足したものである。というわけで、SPYのコールオプションが1.27ドルならば、コールオプションの購入費用は127.00ドルに手数料を足した額になる。オプション価格はプレミアムと呼ばれることがある。

オプションにはすべて満期日があり、満期日を過ぎると無価値になる。オプションの満期日で最も一般的なのは次の3つである。

- **毎週** 満期日は週の最終取引日で、通常は金曜日である。
- **毎月** 毎月、第3金曜日の次の土曜日に失効する。ということは、オプションの最終取引日は第3金曜日である。
- **毎四半期** 満期日は各四半期末の最終取引日である。

この第4部では、各月に満期日があるオプションだけに焦点を合わせる。満期日が最も近いオプションは期近と呼ばれる。例えば、今日が6月10日ならば、期近は6月の第3週に満期日を迎えるオプションである。翌月に満期（この場合は7月）を迎えるオプションは翌限月と呼ばれる。6月の満期日を過ぎると、7月が期近、8月が翌限月になる。

この第4部の戦略では通常、ある一定のパターンが見られる。

1. 仕掛けから手仕舞いまでの期間の大半は非常に短かった（1～5日）。
2. 1トレード当たりの平均利益は大きく、短期の標準的な値動きを

大幅に超えていた。
3．値動きのかなりの割合がトレード方向に動いた。

　私たちがこの種のパターンを見るとき、多くの戦略が考えられるが、ひとつの戦略が目立って良い（これは、プロトレーダーたちも認めている）。この戦略では、期近でイン・ザ・マネーのコールを買う。
　買いシグナルが点灯したら、オプションを使う場合はコールオプションを買う。
　なぜ、期近のイン・ザ・マネーのコールを買うのか？　それらが、連動するETFに最も近い値動きをするからだ。そして、オプションがETFに近い動きをするほど、その動きが思惑どおりであれば、利益が高くなるからだ。
　売買ルールは次のとおりだ。

1．シグナルが点灯する。
2．期近のイン・ザ・マネーのコールを買う。あなたが通常、500口のETFをトレードしているのならば、コールを5枚買う（オプション1枚はETFの100口に等しい）。
3．原資産の銘柄で手仕舞いのシグナルが点灯すれば、オプションを手仕舞う。

　先を進めよう。

1．イン・ザ・マネーとは具体的に何を意味するのか？
　ここでの場合、権利行使価格が原資産価格を下回る最初もしくは2番目のオプションという意味だ。これはコールオプションならば現在の価格よりも安く、プットオプションならば現在の価格よりも高くなる。ETFの価格が48ドルでオプションの権利行使価格が5ドル刻み

なら、45ドルか40ドルのコールを買えばよい。

２．どうして期近なのか？

保有期間が非常に短いので、満期日が最も近いオプションでトレードを行うほうがよいからだ。ただし、期近のオプション満期日から７日以内（つまり、第２水曜日以降）であれば、翌限月でトレードを行う。

３．ポジションを取っていて満期日を迎えたが、そのETFの売買シグナルがまだ有効であるときは、どうするか？

その場合は、翌限月に乗り換える。そのETFのシグナルに合わせてトレードを行っているのなら、シグナルが有効であるかぎり、ポジションを取り続けたほうがよい。

４．流動性とスプレッドについてはどうだろう？

ここでは慎重さが要求される。オプションで流動性が正確に何を意味するかについて、明確なルールはない。多くのトレーダーは目安とする最低限の出来高や建玉から流動性を判断している。

そのオプションが活発に取引されているのなら、売買スプレッドを見よう。オプションの気配値が買い3.00ドル、売り3.30ドルであれば、スプレッドは10％である。本当に10％のスプレッドを克服して、利益を出せるだろうか？　それはありそうにない。では、気配値が買い3.25ドル、売り3.30ドルのオプションならどうだろう。これならずっと満足できて、取引可能だ。

5．ETFそのものではなく、コールオプションを買う利点は何だろう？

流動性があり、スプレッドも小さければ、利点は大きい。

1．投資資金に対する収益が大きくなる可能性がある。
2．縛られる資金が少なくて済む。
3．リスクにさらされる資金の比率が小さい。つまり、50ドルのETFを買えば、理屈では価格がゼロになって、1口当たり50ドルを失う可能性もある。しかし、オプションであれば、代金として支払うプレミアム以上は失わないという意味だ。そのため、45ドルのコールを5.50ドルで買えば、リスクはプレミアムの5.50ドルに限定される。
4．柔軟性が大きい。例えば、あるETFが50ドルで買いシグナルを発して、45ドルのコール代として5.50ドルを払ったとしよう。その銘柄がすぐに上昇すれば（56ドルとしよう）、そこで選択の余地が生じる。あなたは手仕舞ってもよいし、資金のほとんどを回収したうえで、55ドルのコールに乗り換えてもよい。価格がそのまま上昇し続けると思っているのなら、これはほとんどリスクなしのトレードになる。

しかし、特殊なオプションのトレードや、単にコールを買う以外のトレードは、私たちが質問した多くの専門家のアドバイスに反する。

結論として、オプションはETFそのものを買う代わりの良い選択肢になる。私たちの戦略でのトレード法では、期近のイン・ザ・マネーを使い、ETFのトレードと等しいサイズ（100口につき1枚のオプション）で仕掛けて、原資産で手仕舞いのシグナルが点灯したときに手仕舞う。

多くの専門家の意見によると、このオプション戦略は、それらのシグナルで過去のデータを見たときに、最も優れていて最も効率的な戦

略である。

第6章 終わりに

Additional Thoughts

1. この第4部で分かったように、コナーズRSIを利用したETFの上級トレード戦略を一貫して用いれば、大きなエッジがあることがデータで示された。
2. あなたが使える変数の組み合わせは文字どおり何百通りもある。ルールで述べた変数を調整すれば、その戦略を自分のトレードに合わせて変えることができる。トレード回数を増やしたければ、コナーズRSIの値が大きくて、この値を下回る日数が短い変数を調べるとよい。平均リターンを大きくしたければ、最も厳しい仕掛けの基準（コナーズRSIの値が小さく、指値を前日の終値よりも大きく離す変数）と、最も長い保有期間（コナーズRSIの値が70を超えたときに手仕舞う方法）を持つ変数の組み合わせを調べるとよい。
3. 損切りのストップ注文についてはどうだろうか（これに対する答えはすべての戦略ガイドブックで取り上げている）。

　　私たちは、『コナーズの短期売買入門』（パンローリング）を含めた出版物で、ストップ注文についてのリサーチを発表してきた。

　　私たちが発見したことは、損切りのストップ注文を置くとパフォーマンスが落ちやすく、多くの場合、エッジがまったく消えるということだった。たしかに、買った銘柄が下げ続けているとき

に、ストップ注文で損切りできれば気分が良い。一方で、多くの短期トレード戦略について最大20年の検証をした結果では、ストップを置くと頻繁に損切りをさせられて、多くの損失が積み重なっていくことが示されている。ほとんどのトレード戦略では、こうした損失の蓄積を克服できない。

多くのトレーダーは損切りのストップを必ず置かなければならない。そうすることで、彼らは特に難しいトレードでも心理的に受け入れることができるからだ。ストップを使うかどうかは、自分で決めるべきことだ。だが、概して言えば、ストップを置くと、ここで紹介した戦略やほかの多くの短期戦略で得られるエッジは低くなる。繰り返すが、ストップを置くかどうかは、あなた自身が決めるべきことだ。私たちはどちらの手法を使うトレーダーにも、成功者がいることを知っている。

4. 検証では、スリッページと手数料は考慮に入れていない。それらを考慮に入れて（仕掛けでは指値を使っているので、スリッページは問題にならない）、取引費用が可能なかぎり最低になるようにしよう。

現在では、ほとんどの証券会社において、1株当たり1セント以下で取引できる。だから、特にあなたが活発にトレードをするのなら、自分にふさわしい証券会社を選ぼう。オンライン証券会社はあなたと取引をしたがっている。

このコナーズ・リサーチ社のトレード戦略シリーズを楽しんでいただけていたら幸いである。この戦略について質問があれば、遠慮なく電子メール（info@connorsresearch.com）を送っていただきたい。

付録 ── ATRの計算法

アベレージ・トゥルー・レンジ

　ATR(アベレージ・トゥルー・レンジ。真の値幅の平均)とは、TR(トゥルーレンジ。真の値幅)のN日平均である。ATRもTRも、ボラティリティの尺度としてよく使われている。

　TRはウエルズ・ワイルダー・ジュニアが考案したボラティリティの計算法で、彼の1978年の著書**『ワイルダーのテクニカル分析入門』**(パンローリング)で紹介された。TRは日足間に生じたギャップも考慮して、標準的な値幅計算を修正したものである。TRは次の値幅のうちで最大の値(値の符号を無視した絶対値)と定義される。

●今日の高値と今日の安値との差(標準的な1日の値幅)
●今日の高値と昨日の終値との差(前日からの上げ幅)
●今日の安値と昨日の終値との差(前日からの下げ幅)

　例えば、次のような価格データがあるとしよう。

日	始値	高値	安値	終値	1日の値幅	TR
月曜日	$10.00	$11.00	$9.00	$10.00	$2.00	─
火曜日	$10.00	$11.00	$9.00	$10.00	$2.00	$2.00
水曜日	$12.00	$13.00	$12.00	$12.00	$1.00	$3.00
木曜日	$10.00	$10.00	$9.00	$9.00	$1.00	$3.00

この限られたデータだけでは月曜日のTRは計算できない。前日のデータが不明なためだ。

　火曜日の場合は、TRを計算するために必要なデータがすべてそろっている。TRは次の値のうちの最大値（絶対値）である。

● 今日の高値と今日の安値との差（標準的な1日の値幅）で、このデータでは2ドル。
● 今日の高値と昨日の終値との差で、このデータでは1ドル。
● 今日の安値と昨日の終値との差で、このデータでは1ドル。この差は実際には－1ドルだが、TRの計算では常に絶対値を使う。

　最大の値幅は今日の高値と今日の安値との差である。そして最大の値幅がTRだ。したがって、火曜日のTRは2ドルになる。

　水曜日には、ギャップを空けて上昇した（始値は昨日の高値よりも高かった）。TRを計算するために、再び次の差を見る。

● 今日の高値と今日の安値との差（標準的な1日の値幅の計算法）で、このデータでは1ドル。
● 今日の高値と昨日の終値との差で、このデータでは3ドル。
● 今日の安値と昨日の終値との差で、このデータでは2ドル。この差は実際には－2ドルだが、TRの計算では常に絶対値を使う。

　今日の高値と昨日の終値との差が最大なので、水曜日のTRは3ドルになる。

　木曜日には、ギャップを空けて下落した（始値は昨日の安値よりも安かった）。TRは次の値幅のうちで最大のものである。

● 今日の高値と今日の安値との差（標準的な1日の値幅の計算法）で、

このデータでは１ドル。
- 今日の高値と昨日の終値との差で、このデータでは２ドル。この差は実際には－２ドルだが、TRの計算では常に絶対値を使う。
- 今日の安値と昨日の終値との差で、このデータでは３ドル。この差は実際には－３ドルだが、絶対値を使う。

今日の安値と昨日の終値との差が３つのうちで最大なので、木曜日のTRは３ドルになる。

ATR（10）とは、TRの過去10日間の平均である。

第5部

ボリンジャーバンドを利用したETFのトレード

ETF Trading with Bollinger Bands

第1章 ボリンジャーバンドの基本

Introduction to Bollinger Bands

　ボリンジャーバンドは伝説的なマネーマネジャーであり研究者で、『ボリンジャーバンド入門』(パンローリング)の著者であるジョン・ボリンジャーが考案した指標で、現在、使われているトレード用指標で最も人気があるもののひとつである。現在販売されているチャートソフトのほとんどはボリンジャーバンドの表示もできる。この指標を使うと、証券がどれくらい買われ過ぎか売られ過ぎかを即座に判断できる。

　ボリンジャーバンドを利用したトレード法については、有り余るほどの情報が発信されてきた。しかし、それらの大半は定量的ではなく、裁量的によるものである。そのため、バンドと比べた価格がどれくらい買われ過ぎや売られ過ぎかや、もっと重要なことだが、今後どういう値動きをしそうかについての解釈をトレーダーにゆだねている。

　対照的に、この第5部では、ボリンジャーバンドを利用したトレードで明確かつ定量化された手法を用いる。私たちは過去6年半で最も優れた結果をもたらした仕掛けと手仕舞いのシグナルをどうやって特定するかを伝えるつもりだ。また、日中の押しの水準によって、この戦略のエッジ(優位性)がどれほど高まるかも明らかにする。これらに関する過去のリターンも合わせて示すので、あなたの現在のトレード計画を補うのにぴったりの変数を選ぶことができるだろう。

戦略について説明する前に、ボリンジャーバンドの正確な意味や、この指標の優れた要素であると私たちが考えていて、このトレード戦略のカギでもある％ｂの計算について見ておこう。

ボリンジャーバンドとは何か？

ボリンジャーバンドはボラティリティ（変動率）の尺度である。ボラティリティが小さいとき、価格の上下にあるバンドの幅は狭くなり、ボラティリティが大きくなると、バンドの幅は広がる。さらに、価格が下のバンドに近づくと、売られ過ぎとみなされる。逆に、上のバンドに近づくと、買われ過ぎとみなされる。それでは、これらのバンドはどうやって計算するのだろうか？

ボリンジャーバンドの計算は、価格の単純移動平均線から始める。私たちのリサーチやこの第５部では、この計算に毎日の終値を使う。ボリンジャーバンドを利用したトレード戦略では、５日移動平均線［MA（５）］が優れた基礎になることが分かっている。

次に、移動平均線で使う期間と同じ期間で、価格の標準偏差を求める。私たちの場合、これは５日である。私たちは標準偏差の値をSD（５）と略記する。

最後に、ボリンジャーバンドを計算するために、上のバンドでは５日移動平均の値に５日標準偏差の倍数を足し、下のバンドでは５日移動平均の値から５日標準偏差の倍数を引く。私たちのボリンジャーバンドを利用したトレード戦略では、倍数に１を使う。要約すると、計算は次のようになる。

上のバンド＝MA（５）＋SD（５）
下のバンド＝MA（５）－SD（５）

％ｂの計算

％ｂはボリンジャーバンドから導き出される指標である。％ｂの値を使えば、上下のボリンジャーバンドに対する価格の位置を定量化できる。統計の裏付けを基にした私たちの考えでは、％ｂによって適切な仕掛けと手仕舞いの水準を正確に特定できる。

％ｂ ＝（価格 － 下のバンドライン）
　　　　　　÷（上のバンドライン － 下のバンドライン）

％ｂは次のような特徴を持つ。

- 価格が上のバンドラインにあるとき、％ｂは１に等しい。
- 価格が下のバンドラインにあるとき、％ｂは０に等しい。
- 価格が上のバンドラインを超えているとき、％ｂは１よりも大きい。
- 価格が下のバンドラインを割っているとき、％ｂは０よりも小さい。
- 価格が５日移動平均線（すなわち、中央のバンドライン）を超えているとき、％ｂは0.50よりも大きい。
- 価格が５日移動平均線を割っているとき、％ｂは0.50よりも小さい。

理想的には、％ｂの値が数日にわたって0.3を下回ったときに買いたい。％ｂの値が低いほど、またその低い値を何日も連続して下回るほど売られ過ぎであり、エッジは大きかった。これがボリンジャーバンドを利用したトレードのカギである。これに２～３のフィルターを追加すると、過去６年余りにわたって１トレード当たりの平均利益と勝率が高かった戦略を立てることができる。

ETFをトレードする理由

　私たちが「ETF」という言葉を使うときには、ETF（上場投資信託）とETN（指標連動証券）の両方を指している。読者はおそらくご存じだと思うが、ETFがトラックしているのは、金などの商品、農作物など各種の商品バスケットの指数、幅広い銘柄を追跡するS&P500などの指数、金融などのセクター、日本やブラジルなどの特定の国や「新興国市場」などの経済圏の経済である。株式ETFに共通する特徴は、各社に特有のリスクの非常に多くが分散投資によって取り除かれる傾向があるという点だ。投資対象を分散することで、ETFのリターンは平準化する。つまり、価格の変動は小さくなりがちになる。

　ETFの価格が売られ過ぎの状態から上昇するときに変動が小さいということは、上昇率が小さいということを意味する。それでは、一般に特定の会社の株よりも値動きが小さい銘柄を、どうしてトレードしたいのだろうか？　答えは「一貫性」にある。適切なトレードルールを用いれば、私たちのトレードは勝率が高いので、長期的には安定して素晴らしい利益が得られるのだ。以降の章では、ボリンジャーバンドを利用した戦略で、検証期間に90％以上の勝率をもたらした変数を目にするだろう。

第2章 仕掛けと手仕舞いのルール

Entry & Exit Rules

　ボリンジャーバンドを利用する戦略に従ってETFを買って成功するカギは、明確で定量化できるルールに従うことである。しかし、「明確な」ということは「柔軟性に欠ける」という意味ではない。私たちは仕掛けに関して、大きく２種類のルールを提供している。売られ過ぎと分かった日に仕掛けるルールと、売られ過ぎになった翌日の日中にさらに押すまで待って仕掛けるルールだ。これらの大きなルールには複数の変数があり、戦略の微調整ができる。さらに、トレード期間と予想リターンを調整できるように、手仕舞いルールもいくつか示す。
　それでは、売られ過ぎを定義するためのルールから始めよう。

1．ETFの終値が200日移動平均線を上回っていること。
2．過去21日間（１カ月）でのETFの１日の平均出来高が少なくとも12万5000口あり、過去21日間の１日の最低出来高が少なくとも５万口あること。
3．ETFの％ｂの値が、Y日連続でXを下回っていること。ここでY＝２、３、４、X＝－0.2、－0.1、０、0.1、0.2のいずれかを使う。

　ルール１によって、ETFが長期的な上昇トレンド途上にあることが分かる。私たちのリサーチでは、ETFの価格が200日移動平均線を

下回っているときよりも、上回っているときのほうが、どの日でも上昇しやすいことが一貫して示されている。

　ルール２によって、望ましい約定価格で素早く仕掛けて手仕舞えるだけの流動性を確保できる。

　ルール３で、売られ過ぎまたは押しを特定する。％ｂの値が数日間連続して0.3以下で引けると、望ましい短期の押しになる。％ｂの水準が低いほど売られ過ぎであり、その後、１～２週間のリターンは大きかった。

　売られ過ぎの状況がチャートでどう見えるかを確かめておこう。この例では、％ｂの値に0.1を、Ｙの値に３日を使う。

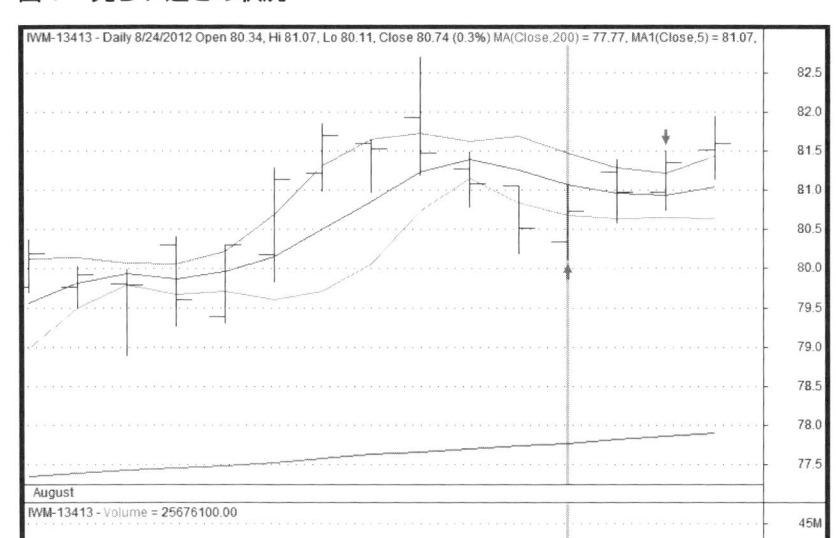

図1　売られ過ぎの状況

　このチャートはIWMという、ラッセル2000指数を追跡するETFを示している。売られ過ぎの状況は垂直線で示した2012年8月24日に生じている。

　ルール1では、チャート中央の右肩上がりの線で示す200日移動平均線を終値が上回る必要がある。終値の80.74ドルは200日移動平均線の77.77ドルを十分に上回っている。

　ルール2は流動性の条件を数値で示している。このチャートでは過去21日間のすべてを表示していないが、下段の出来高で分かるように、このETFの出来高は3000万口を優に超えている。そのため、過去21日間の1日の平均出来高が12万5000口を超えるという基準を満たしている。また、1日の最低出来高も間違いなく5万口を超えている。

　ルール3のために選んだ変数では、3日連続して％ｂが0.1を下回

175

る必要がある。チャートで日足の上下にある曲線はボリンジャーバンドである。2012年8月22日と23日の終値は下のバンドラインを割っている。これは両日の％ｂが０を下回っているという意味だ。2012年8月24日の％ｂは次のように計算する。

％ｂ＝（株価－下のバンドライン）
　　　　　　　÷（上のバンドライン－下のバンドライン）
％ｂ＝（80.74－80.67）÷（81.47－80.67）＝0.09

これで、３日連続で％ｂの値が0.1を下回るというルール３の基準が満たされた。

トレーダーのあなたには、ここで２つの選択肢がある。第１は、売られ過ぎの条件を満たした日の終値で仕掛ける方法だ。このチャートでは、2012年8月24日の大引け直前にIWMを買うという意味になる。

第２はルール４で定義したように、翌日の日中にさらに押すまで待つ方法だ。

4．今日、ルール１～３を満たしたら、翌日の日中に今日の終値よりもさらにＺ％下で買う（Ｚ＝１、２、３％のいずれか）。

日中の押しには大きな恐怖が伴うことが多い。神経質なトレーダーやマネーマネジャーが狼狽売りに走るからだ。彼らの恐れは私たちにとって好機となる。次章ではデータを示して、どの仕掛けがあなたのトレード計画に最もふさわしいかを判断できるようにするつもりだ。基本的には、トレード数を増やすこと（売られ過ぎの条件を満たした日の仕掛け）と、１トレード当たりの平均利益を高めること（翌日の押しでの仕掛け）は両立しない。

それでは、日中の押しで仕掛ける例を検討しよう。ルール３については同じ条件（３日連続で％ｂが0.1を下回る）を使い、ルール４では日中の指値に２％下を使う。

図２　日中の押し

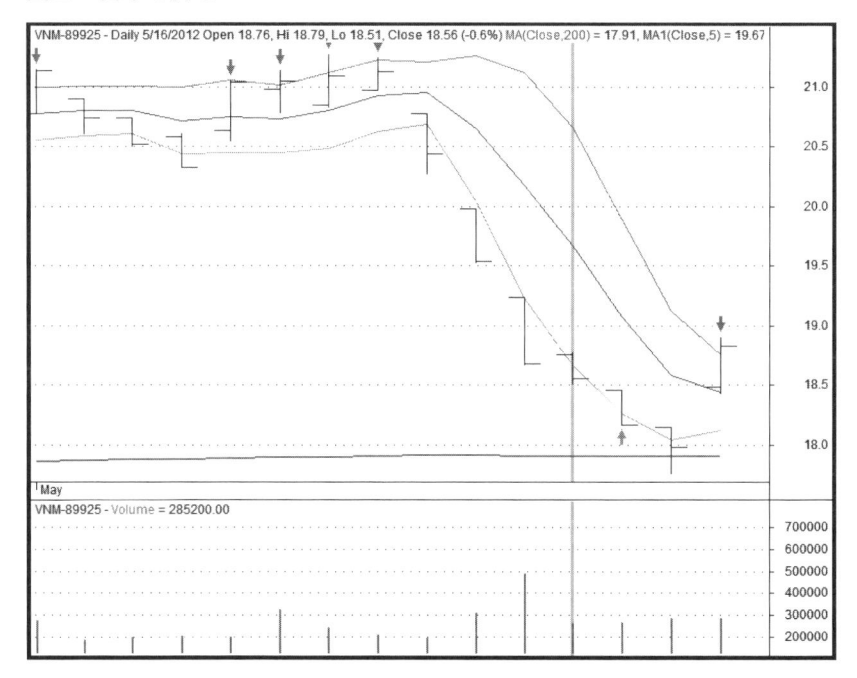

[チャート図：VNM-89925 - Daily 5/16/2012 Open 18.76, Hi 18.79, Lo 18.51, Close 18.56 (-0.6%) MA(Close,200) = 17.91, MA1(Close,5) = 19.67]

　このチャートはベトナムのカントリーファンド、VNMのものである。ルール１（200日移動平均線を上回る）とルール２（流動性）を満たしていることはすぐに分かる。

　垂直の線は2012年５月16日水曜日のデータを示している。この日よりも前の３日間（2014年５月11、14、15日）の％ｂの値はすべてマイナスである。つまり、終値がボリンジャーバンドを下回っている点に注意してほしい。このため、ルール３の定義から、５月15日は売られ過ぎの状況にあり、翌日の16日に指値を置く。ルール４に従って、指

値は2012年5月15日の終値18.68ドルよりも2％下の18.31ドルになる。しかし、16日の安値は18.51ドルなので、この日には約定しなかった。

この日もまだ売られ過ぎの条件を満たしている。14、15、16日の％ｂが０を下回っているからだ。私たちは再びルール４に従って、翌日に指値を置く。今回は16日の終値18.56ドルよりも2％下だから、18.19ドルになる。17日は18.17ドルまで下げたので、指値を下回り、18.19ドルで約定する。初めて売られ過ぎとなった５月15日の終値18.68ドルに比べると、この仕掛けの価格がいかに有利か分かるだろう。

もちろん、仕掛けのルールが良いだけでは不十分だ。実際に利益が確定するのは手仕舞ったときなので、定量化された手仕舞いルールが適切であることが重要だ。私たちは仕掛けの各ルールに、次の手仕舞いルールを組み合わせて検証した。

５ａ．終値が３日移動平均線を上回る。
５ｂ．終値が５日移動平均線を上回る。
５ｃ．２期間RSIの値が50を超える。
５ｄ．２期間RSIの値が70を超える。
５ｅ．％ｂの値が0.5、0.75、1.0のいずれかを超える。

仕掛けのルールと同様に、次章に示す検証結果は、あなたに最適の手仕舞いのルールを選ぶ役に立つだろう。RSIに関する詳しい説明は付録に載せてある。

この章での最後の例はルール５ｅを使ったもので、％ｂが0.75を上回ったときを手仕舞いの基準にする。図３のチャートは、Ｓ＆Ｐの小売セクターを追跡するETF、XRTのものである。

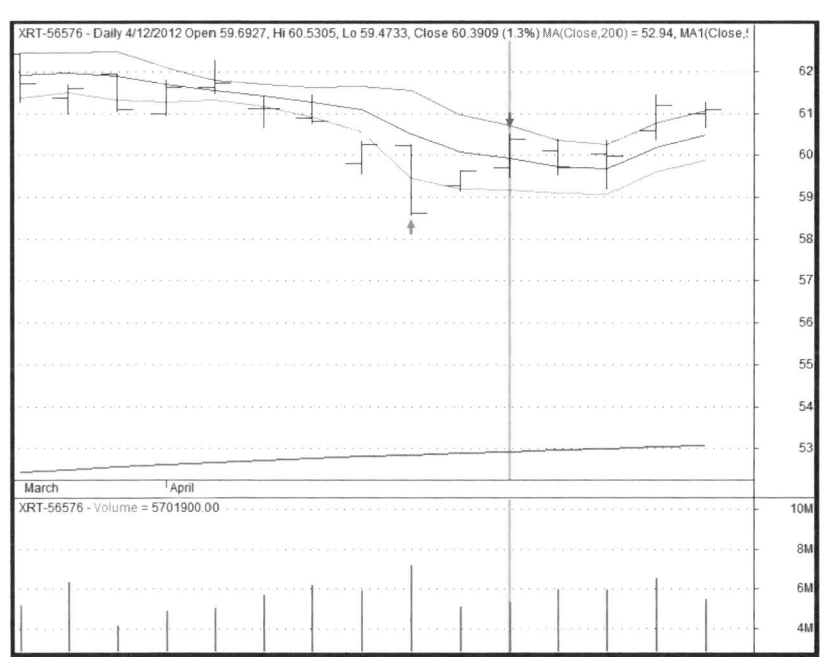

図３　％ｂが0.75を超えるときの手仕舞い

これまでの説明から、ルール１～３は2012年４月９日（チャートで上向きの矢印の前日）に、ルール４は2012年４月10日に満たされたことが分かるはずだ。

ルール５ｅでは、％ｂが0.75を上回る必要がある。2012年４月11日の終値は５日移動平均線（バンド内の中央の曲線）を下回っている。これは％ｂが0.50よりも低いことを意味する。そのため、４月11日に手仕舞わない。

４月12日の終値は５日移動平均線よりも上にあるが、上のバンドラ

インよりは下にある。したがって、％ｂの値は0.5と1.0の間だと推論できる。％ｂの正確な値は次のように計算する。

％ｂ＝（株価－下のバンドライン）
　　　　　　　÷（上のバンドライン－下のバンドライン）
％ｂ＝（60.39－59.18）÷（60.70－59.18）＝0.80

　％ｂの値が0.80であれば、私たちの目標である0.75よりも大きいので、手仕舞いのシグナルが点灯して、2012年４月12日に終値で売る。

第3章 検証結果

Test Results

　あるトレード戦略に従うと将来にどういう結果が得られるか、それを事前に知ることは不可能である。だが、この第5部で述べているボリンジャーバンド戦略のように、完全に定量化された戦略では、少なくとも過去の結果がどうだったかの検証はできる。この手続きは「バックテスト」と呼ばれている。

　バックテストを実行するときにはまず、戦略を検証したい証券グループ（監視リストと呼ばれることもある）を選ぶ。ここで取り上げる監視リストは、株式に連動するETFから成る。レバレッジ型やインバース型ETF、商品や債券に連動するETFは含んでいない。次に、検証する期間を選ぶ。通常、バックテストの期間が長いほど信頼性は高まり、得られる結果も役に立つ。ボリンジャーバンド戦略のための検証は2006年1月から始める。2006年以前にトレードできるETFは極めて少なかったからだ。その年以降、ETFの数は毎年、着実に増えてきた。検証はこれを執筆している現在に最新データを入手できる2012年4月31日まで続ける。最後に、全検証期間で、仕掛けと手仕舞いのルールを監視リストの各銘柄に当てはめて、仕掛けることができた変数の全データを記録して集計した。

　この作業を終えたら、カギとなる統計がいくつか分かる。最初は平均損益で、1トレード当たりの平均利益とも言われる。これを「エッ

ジ」と呼ぶトレーダーもいる。平均損益は、％で表した利益と損失のすべてを、全トレード数で割った値である。次の10回のトレードを考えてみよう。

トレード番号	損益
1	1.7%
2	2.1%
3	-4.0%
4	0.6%
5	-1.2%
6	3.8%
7	1.9%
8	-0.4%
9	3.7%
10	2.6%

平均損益は次のように計算する。

$$平均損益 = (1.7\% + 2.1\% - 4.0\% + 0.6\% - 1.2\% + 3.8\% \\ + 1.9\% - 0.4\% + 3.7\% + 2.6\%) \div 10 = 1.08\%$$

3日から10日の短期トレードでは、ほとんどのトレーダーは全トレードで0.5～2.5％の平均損益を目指している。ほかの条件がすべて同じであれば、平均損益が大きいほど口座資金は増えていくだろう。

もうひとつの重要な統計は勝率だ。これは単に、利益が出たトレード数を全トレード数で割った値である。前の表では、10回のトレードのうち7回のトレードで利益が出ていて、リターンはプラスになっている。この例での勝率は7÷10＝70％になる。

平均損益が十分に高いときでも、どうして勝率を気に掛けるのか？
それは一般に、勝率が高いほうが、ポートフォリオの純資産がより

滑らかに上がっていくからだ。負けトレードは「集中」する傾向があり、そうなると、ポートフォリオの純資産は下がる。純資産が下がると眠れなくなるか、トレードを放棄しようとさえ考えかねない。負けトレードが少ない、つまり勝率が高ければ、損失が集中しにくくなるため、ポートフォリオの純資産は激しく変動するのではなく、滑らかに拡大しやすくなる。

　それでは、ボリンジャーバンド戦略の検証結果を、さまざまな変数の組み合わせで見ていこう。どの場合でも、トレードシグナル数が40に満たない変数は外した。そこまでシグナルが少ないと、意味のある結論は何も引き出せないからだ。まず、売られ過ぎの条件を初めて満たした日の終値で仕掛けるとき、すなわち、仕掛けで指値を使わないときに、平均損益が最も高い20の変数を見ることにしよう。

平均損益に基づくトップ20の変数（指値を使わない仕掛け）

トレード数	平均損益	平均保有日数	勝率	%bの境界	最低日数	手仕舞い法
72	2.99%	5.33	90.28%	-0.2	4	%b > 1.0
72	2.56%	4.54	90.28%	-0.2	4	RSI(2) > 70
72	2.30%	4.14	88.89%	-0.2	4	%b > 0.75
431	2.24%	5.65	83.53%	-0.1	4	%b > 1.0
72	2.18%	1.56	93.06%	-0.2	4	Close > MA(3)
72	2.17%	2.19	90.28%	-0.2	4	RSI(2) > 50
431	2.01%	4.66	83.53%	-0.1	4	RSI(2) > 70
72	1.96%	3.15	88.89%	-0.2	4	Close > MA(5)
72	1.96%	3.15	88.89%	-0.2	4	%b > 0.5
431	1.75%	4.21	83.06%	-0.1	4	%b > 0.75
432	1.68%	2.50	84.26%	-0.1	4	RSI(2) > 50
432	1.63%	1.76	87.04%	-0.1	4	Close > MA(3)
431	1.57%	3.17	83.53%	-0.1	4	Close > MA(5)
431	1.57%	3.17	83.53%	-0.1	4	%b > 0.5
519	1.42%	5.86	79.77%	-0.2	3	%b > 1.0
519	1.17%	5.07	78.03%	-0.2	3	RSI(2) > 70
1108	1.14%	5.68	75.27%	0	4	%b > 1.0
519	1.13%	4.61	77.84%	-0.2	3	%b > 0.75
1522	1.03%	5.66	76.22%	-0.1	3	%b > 1.0
520	0.99%	3.02	78.27%	-0.2	3	RSI(2) > 50

Close＝終値　MA(3)＝3日移動平均線　MA(5)＝5日移動平均線

次は各列についての説明だ。

トレード数とは、2006年1月1日から2012年8月31日の間にこの変数の組み合わせでシグナルが点灯した回数である。

平均損益とは、（負けトレードを含めた）全トレードでの平均利益である。トップ20の変数では、1トレード当たりの平均利益が1％をわずかに切るものから、最高3％（大きな値動きをしないETFにしては、極めて高い数字）まで見られた。

平均保有日数とは、トレードを維持した平均日数である。すべての検証結果で、これは6日に満たない。

勝率とは、点灯したシグナルのうちで利益が出た割合である。トップ20の勝率はすべて75％を超えている。ほとんどの成功したトレーダーがトレード数の55～60％で正しくありたいと望む世界で、これは極めて高い水準だ。

％ｂの境界とは、％ｂの水準のことである。検証結果の大部分が示すように、％ｂの水準が低いほどETFは売られ過ぎになり、過去のリターンは良かった。

最低日数とは、％ｂが境界水準を下回っている日数のことである。私たちは％ｂの水準を下回る日数が2、3、4日について検証した。表から分かるように、この水準を下回る日数が長くなるほど、その銘柄は売られ過ぎになり、1トレード当たりの平均利益は高かった。

手仕舞い法では、トレードを手仕舞うのに用いたルールを示している。

表から分かるように、％ｂの値が4日間、－0.2を下回るときを売られ過ぎの条件としたとき、平均損益は最も高くなる。しかし、そこまで仕掛けの基準を厳しくすると、トレードシグナル数は極めて少なくなる。％ｂの値をわずかに上げて－0.1にするか、％ｂの水準を下回る日数を減らして、仕掛けの基準をほんの少しゆるめてあげれば、もっと多くのトレードができる。また、勝率が76～93％以上と、高い

ことにも注目してほしい。定量化されたトレード戦略で、これほど高い勝率を挙げることができるものはほとんどない。

平均損益の代わりに勝率に焦点を合わせても、非常に似たリストが得られる。

勝率に基づくトップ20の変数の組み合わせ（指値を使わない仕掛け）

トレード数	平均損益	平均保有日数	勝率	％ｂの境界	最低日数	手仕舞い法
72	2.18%	1.56	93.06%	-0.2	4	Close > MA(3)
72	2.99%	5.33	90.28%	-0.2	4	%b > 1.0
72	2.56%	4.54	90.28%	-0.2	4	RSI(2) > 70
72	2.17%	2.19	90.28%	-0.2	4	RSI(2) > 50
72	2.30%	4.14	88.89%	-0.2	4	%b > 0.75
72	1.96%	3.15	88.89%	-0.2	4	Close > MA(5)
72	1.96%	3.15	88.89%	-0.2	4	%b > 0.5
432	1.63%	1.76	87.04%	-0.1	4	Close > MA(3)
432	1.68%	2.50	84.26%	-0.1	4	RSI(2) > 50
431	2.24%	5.65	83.53%	-0.1	4	%b > 1.0
431	2.01%	4.66	83.53%	-0.1	4	RSI(2) > 70
431	1.57%	3.17	83.53%	-0.1	4	Close > MA(5)
431	1.57%	3.17	83.53%	-0.1	4	%b > 0.5
431	1.75%	4.21	83.06%	-0.1	4	%b > 0.75
519	1.42%	5.86	79.77%	-0.2	3	%b > 1.0
520	0.87%	2.18	78.46%	-0.2	3	Close > MA(3)
520	0.99%	3.02	78.27%	-0.2	3	RSI(2) > 50
519	1.17%	5.07	78.03%	-0.2	3	RSI(2) > 70
519	1.13%	4.61	77.84%	-0.2	3	%b > 0.75
519	0.87%	3.80	76.69%	-0.2	3	Close > MA(5)

Close＝終値　MA(3)＝３日移動平均線　MA(5)＝５日移動平均線

この表を見ると、トレード数が増えるほど勝率が落ちることが一層明らかになる。これは理にかなっている。仕掛けの基準を緩めることで、トレード数を増やしているからだ。

最後に、検証でトレードシグナルが最も多く点灯した変数を調べて、トレード数をどこまで増やせるのか確かめておこう。もちろん、多くのシグナルが点灯するからというだけで、戦略を選ぶ人はまずいないだろう。だが、この表を見ると、変数の値を調整すれば自分にふさわしい変数を作ることができると分かるのだ。

トレード数に基づくトップ20の変数の組み合わせ（指値を使わない仕掛け）

トレード数	平均損益	平均保有日数	勝率	％ｂの境界	最低日数	手仕舞い法
10074	0.11%	2.31	67.94%	0.3	2	Close > MA(3)
9368	0.17%	2.77	69.93%	0.3	2	RSI(2) > 50
8926	0.23%	3.34	69.99%	0.3	2	Close > MA(5)
8926	0.23%	3.34	69.99%	0.3	2	%b > 0.5
8739	0.09%	2.33	67.70%	0.2	2	Close > MA(3)
8526	0.29%	4.11	69.96%	0.3	2	%b > 0.75
8382	0.32%	4.34	70.88%	0.3	2	RSI(2) > 70
8246	0.16%	2.84	69.71%	0.2	2	RSI(2) > 50
7953	0.23%	3.41	69.82%	0.2	2	Close > MA(5)
7953	0.23%	3.41	69.82%	0.2	2	%b > 0.5
7925	0.37%	5.32	71.33%	0.3	2	%b > 1.0
7635	0.29%	4.20	69.78%	0.2	2	%b > 0.75
7506	0.33%	4.45	70.54%	0.2	2	RSI(2) > 70
7411	0.07%	2.36	67.45%	0.1	2	Close > MA(3)
7132	0.38%	5.45	71.02%	0.2	2	%b > 1.0
7132	0.15%	2.91	69.39%	0.1	2	RSI(2) > 50
6921	0.22%	3.51	69.46%	0.1	2	Close > MA(5)
6921	0.22%	3.51	69.46%	0.1	2	%b > 0.5
6680	0.29%	4.32	69.67%	0.1	2	%b > 0.75
6574	0.34%	4.59	70.51%	0.1	2	RSI(2) > 70

Close＝終値　MA(3)＝３日移動平均線　MA(5)＝５日移動平均線

では、売られ過ぎの条件を満たした翌日に、指値を使って仕掛けた場合の検証結果を見ることにしよう。フィルター（指値による仕掛け）をひとつ追加するので、同じ変数の組み合わせでも、指値を使わないときに比べるとトレード数は減ると予想される。次は平均損益がトップ20の検証結果である。

平均損益に基づくトップ20の変数の組み合わせ（指値による仕掛け）

トレード数	平均損益	平均保有日数	勝率	％ｂの境界	最低日数	仕掛けでの指値水準	手仕舞い法
43	5.57%	4.40	95.35%	-0.2	3	3%	%b > 1.0
43	4.95%	4.07	95.35%	-0.2	3	3%	RSI(2) > 70
43	4.44%	3.72	95.35%	-0.2	3	3%	%b > 0.75
171	4.28%	5.15	87.72%	-0.1	3	3%	%b > 1.0
43	4.26%	1.67	97.67%	-0.2	3	3%	RSI(2) > 50
43	4.02%	1.26	97.67%	-0.2	3	3%	Close > MA(3)
43	3.95%	2.60	93.02%	-0.2	3	3%	Close > MA(5)
43	3.95%	2.60	93.02%	-0.2	3	3%	%b > 0.5
171	3.91%	4.56	87.72%	-0.1	3	3%	RSI(2) > 70
102	3.76%	4.56	92.16%	-0.2	3	2%	%b > 1.0
171	3.44%	4.11	85.38%	-0.1	3	3%	%b > 0.75
102	3.37%	4.20	92.16%	-0.2	3	2%	RSI(2) > 70
102	3.02%	3.67	92.16%	-0.2	3	2%	%b > 0.75
342	3.01%	5.39	82.16%	0	3	3%	%b > 1.0
171	3.00%	1.50	87.72%	-0.1	3	3%	Close > MA(3)
171	2.99%	2.36	86.55%	-0.1	3	3%	RSI(2) > 50
171	2.96%	3.12	83.63%	-0.1	3	3%	Close > MA(5)
171	2.96%	3.12	83.63%	-0.1	3	3%	%b > 0.5
402	2.86%	5.13	84.08%	-0.1	3	2%	%b > 1.0
102	2.79%	2.15	92.16%	-0.2	3	2%	RSI(2) > 50

Close＝終値　MA(3)＝3日移動平均線　MA(5)＝5日移動平均線

　この表には追加された列がひとつある。

　仕掛けでの指値水準とは、実際に仕掛けるときに用いる日中の押しのことである。例えば、この値が3％であれば、売られ過ぎの条件を満たした翌日に、終値よりも3％下に指値注文を置いて仕掛けるという意味だ。

　仕掛けで指値を使わなかったときの表と比べて、トレード数がどれほど減っているかに注意してほしい。ただし、平均損益は3％弱から

5.5％以上までと、ほぼ2倍になった。さらに、勝率は80％台前半から90％台後半までに及ぶことが分かる！　これほど高い勝率は、トレードの世界では極めて異例である。

第 4 章　手仕舞いの役割

The Role of Exits

　第2章では、ボリンジャーバンドを利用したETFのトレード戦略で使える手仕舞いのルールをいくつか紹介した。それらの手仕舞い法は次のとおりである。

1．終値が3日移動平均線を上回る。
2．終値が5日移動平均線を上回る。
3．2期間RSIの値が50を超える。
4．2期間RSIの値が70を超える。
5．％ｂの値が0.5を超える。
6．％ｂの値が0.75を超える。
7．％ｂの値が1.0を超える。

　この章では、手仕舞いルールを変えるとトレード結果にどういう影響が出るかについて述べる。この知識があれば、自分に最もふさわしい方法を選ぶことができるだろう。
　手仕舞いのルールでは、ほかと比べてどちらがより厳しいかという観点から考えると、役に立つかもしれない。例えば、手仕舞いのシグナルが点灯するためには、当然ながら価格が上昇する必要があるが、このときに価格は3日移動平均線を上抜けてからしか、5日移動平均

線を上抜けない。たとえ、その日の大引けでは両方の条件とも満たしたとしても、だ。このため、手仕舞いのルール2のほうがルール1よりも「より厳しい」。同様に、2期間RSIの値は50を超えたあとでしか70を超えないので、ルール4のほうがルール3よりも厳しい。ルール5、ルール6、ルール7も、厳しくないほうから最も厳しいものへと並んでいる。

手仕舞いルールがより厳しいほど、トレードは長く続くだろう。通常、トレード期間を短くして資金をほかに回せるようにすることと、1トレード当たりの平均利益を高めることとは両立しない。検証結果を見て、これが本当かどうか確かめよう。

次の表は、仕掛けのルールを同じにして、さまざまな手仕舞い法で検証した結果を示したものだ。ここでは、％ｂが4日連続で－0.1を下回るときに仕掛けている。仕掛けは翌日に指値を置くのではなく、大引けに行っている。

仕掛けのルールは同じで、手仕舞い法だけが異なるトレード（指値を使わない仕掛け）

トレード数	平均損益	平均保有日数	勝率	％ｂの境界	最低日数	手仕舞い法
432	1.63%	1.76	87.04%	-0.1	4	Close > MA(3)
431	1.57%	3.17	83.53%	-0.1	4	Close > MA(5)
432	1.68%	2.50	84.26%	-0.1	4	RSI(2) > 50
431	2.01%	4.66	83.53%	-0.1	4	RSI(2) > 70
431	1.57%	3.17	83.53%	-0.1	4	%b > 0.5
431	1.75%	4.21	83.06%	-0.1	4	%b > 0.75
431	2.24%	5.65	83.53%	-0.1	4	%b > 1.0

Close＝終値　MA(3)＝3日移動平均線　MA(5)＝5日移動平均線

表の最初の2行を見よう。平均保有日数は1.76日対3.17日で、3日移動平均線を使って手仕舞うと、5日移動平均線を使う場合よりもトレードの平均期間が半分になる。この場合の平均損益はほぼ同じで、

1.63%対1.57%である。

では、3～4行の2期間RSIを使った手仕舞いを見よう。2期間RSIの値が50になるまで待つ場合でも、トレード期間は70になるまで待つときのほぼ半分になり、2.5日対4.66日である。この手仕舞いでは、平均損益は1.68％対2.01％で、差はいくらか大きくなる。同様のパターンは、5～7行の％ｂを使った手仕舞いでも見られる。

「最も優れた」手仕舞いルールというものはない。選ぶルールは1人1人のトレードスタイルで異なるだろう。例えば、資金をほかに回せるように、できるだけ素早く現金化したいのであれば、おそらく3日移動平均線を使って手仕舞うのが最も理にかなっている。1トレード当たりの利益を可能なかぎり何とか最大にしたいのであれば、％ｂが1.0を上回るときの手仕舞いに最も魅力を感じるかもしれない。

次は指値を使った例をひとつ見ておこう。この例では、売られ過ぎの条件を満たした翌日に、終値の2％下に指値を置いて仕掛けている。売られ過ぎとみなす条件は、3日連続で％ｂがマイナスになったときである。

仕掛けのルールは同じで、手仕舞い法だけが異なるトレード（指値を使う仕掛け）

トレード数	平均損益	平均保有日数	勝率	％ｂの境界	最低日数	仕掛けでの指値水準	手仕舞い法
731	0.83%	2.29	75.65%	0	3	2%	Close > MA(3)
724	1.04%	3.68	70.86%	0	3	2%	Close > MA(5)
724	1.04%	3.09	72.93%	0	3	2%	RSI(2) > 50
722	1.49%	5.03	74.52%	0	3	2%	RSI(2) > 70
724	1.04%	3.68	70.86%	0	3	2%	%b > 0.5
722	1.30%	4.51	73.27%	0	3	2%	%b > 0.75
722	1.68%	5.65	74.65%	0	3	2%	%b > 1.0

Close＝終値　MA(3)＝3日移動平均線　MA(5)＝5日移動平均線

見てのとおり、前の例とパターンが似ている。手仕舞いのルールを

厳しくするほど、1トレード当たりの利益は通常、高くなるが、保有日数は長くなる。

まとめ

以上で分かるように、ボリンジャーバンドを利用するトレードでどうやって手仕舞うべきかを知っておくのは、いつ仕掛けるべきかを知っておくのと同様に重要である。明確な手仕舞いポイントをいろいろと見ておけば、エッジが高く、トレードで成功する確率が高かった変数の組み合わせが増えて、選択肢が広がる。

第5章 ボリンジャーバンドを利用したオプションのトレード

Trading Options with Bollinger Bands

　コナーズ・リサーチのトレード戦略シリーズでは、オプション部分の解説の大半は同じである。この戦略のセットアップではしばしば短期間の大きな動きが含まれるからだ。私たちの考えや、オプションのプロトレーダーの友人たち（1人は30年以上の経験者）に確かめたことでは、こうした動きでトレードを行う最も良い方法がひとつある。

　オプションのトレードは、過去5年の間にマーケットで大きく成長した分野である。これは売買スプレッドが小さくなり、流動性が高まり、複雑なオプションをかつてないほど簡単にトレードできるようになったためである。

　それでは、ここまで説明してきたような短期的な値動きを利用して、オプションをトレードする方法に焦点を合わせよう。ここでの戦略すべてに言えるが、シグナルが点灯したときにオプションのトレードを行うにも、明確なルールがある。

　データに基づいて言えることは、次のとおりだ。

1. 仕掛けから手仕舞いまでの保有期間の大半は非常に短かった（6～7日）。
2. 1トレード当たりの平均利益は大きく、短期の標準的な値動きを大幅に超えていた。

3．それらの値動きのかなりの割合で利益が出た。

　私たちがこの種のパターンを見るとき、多くの戦略が考えられるが、ひとつの戦略が目立って良い（これは、プロトレーダーたちも認めている）。この戦略では、期近物でイン・ザ・マネーのコールを買う。

　なぜ、期近のイン・ザ・マネーのコールを買うのか？　それらが、対応するETF自体に最も近い値動きをするからだ。そして、オプションが原資産に近い動きをするほど、その動きが思惑どおりであれば、利益率が高くなるからだ。
　売買ルールは次のとおりだ。

1．シグナルが点灯する。
2．期近のイン・ザ・マネーのコールを買う。通常、ある銘柄を500口買っているのなら、コールを5枚買う（100口はコール1枚に等しい）。
3．原資産の銘柄で手仕舞いのシグナルが点灯すれば、オプションを手仕舞う。

　先を進めよう。

1．イン・ザ・マネーとは具体的に何を意味するのか？
　ここでの場合、権利行使価格が原資産価格を下回る最初もしくは2番目のオプションという意味だ。その銘柄が今、48ドルで権利行使価格が5ドル刻みであれば、40ドルか45ドルのコールを買うということになる。

2．どうして期近なのか？

保有期間が非常に短いので、満期日が最も近いオプションでトレードを行うほうがよいからだ。ただし、期近のオプション満期日から7日以内（つまり、第2木曜日の前かその近く）であれば、翌限月でトレードを行う。

3．ポジションを取っていて満期日を迎えたが、原資産の売買シグナルがまだ有効であるときは、どうするか？

その場合は、翌限月に乗り換える。その銘柄のシグナルに合わせてトレードを行っているのなら、シグナルが有効であるかぎり、ポジションを取り続けたほうがよいからだ。

4．流動性とスプレッドについてはどうだろう？

ここでは慎重さが要求される。オプションで流動性が正確に何を意味するかについて、明確なルールはない。例えば、トレード対象のETFの流動性を、S&P500株価指数オプション（SPY）と比べてみよう。優良銘柄と比べると、SPYは極めて流動性が高い。優良銘柄もSPYも流動性があると考えられるが、優良銘柄のオプションにはSPYほどの流動性はない。

そのオプションが活発に取引されているのなら、売買スプレッドを見よう。オプションの気配値が買い3.00ドル、売り3.30ドルであれば、スプレッドは10％である。本当に10％のスプレッドを克服して、利益を出せるだろうか？　それはありそうにない。では、気配値が買い3.25ドル、売り3.30ドルのオプションならどうだろう。これならずっと満足できて、取引可能だ。

5．ETFそのものではなく、コールオプションを買う利点は何だろう？

流動性があり、スプレッドも小さければ、利点は大きい。

1．投資資金に対する収益が大きくなる可能性がある。
2．縛られる資金が少なくて済む。
3．リスクにさらされる資金の比率が小さい。あるETFの買いシグナルが50ドルで点灯すれば、最高で50ドルを失う可能性がある。しかし、オプションであれば、代金として支払うプレミアム以上は失わないという意味だ。だから、45ドルのコールを買えば、リスクはプレミアムだけだ。
4．選択肢が広がる。例えば、あるETFが50ドルで買いシグナルを発して、45ドルのコール代として5.50ドルを払ったとしよう。その銘柄がすぐに上昇すれば（56ドルとしよう）、そこで選択の余地が生じる。あなたは手仕舞ってもよいし、資金のほとんどを回収した上で、50ドルのコールに乗り換えてもよい。価格がそのまま上昇し続けると思っているのなら、これはほとんどリスクなしのトレードになる。

このような例は無数にある。そして、この種の戦略を用いる機会に関しては、オプションに関するほとんどの本に載っている。しかし、特殊なオプションのトレードや、単にコールを買う以外のトレードは、私たちが質問した多くの専門家のアドバイスに反する。

結論として、オプションはETFそのものを買う代わりの良い選択肢になる。私たちの戦略でのトレード法では、期近のイン・ザ・マネーを使い、ETFのトレードと等しいサイズ（100口につき1枚のオプション）で仕掛けて、原資産で手仕舞いのシグナルが点灯したときに手仕舞う。

多くの専門家の意見によると、このオプション戦略は、それらのシグナルで過去のデータを見たときに、最も優れていて最も効率的な戦略である。

第6章 終わりに

Additional Thoughts

1. この第5部を通して分かったように、ボリンジャーバンドと特にその要素である％ｂを一貫して用いると、定量化されたエッジは大きかった。
2. こちらのほうがずっと重要だと思うが、ボリンジャーバンドを利用したETFのトレードで検証をすると、勝率が極めて高かった。平均でも80％以上で、90％を超える変数も多い。
3. あなたが使える変数の組み合わせは文字どおり、何百通りもある。変数は％ｂで見た押しの深さから、その水準を下回る日数、指値を置く水準、使える手仕舞いの種類までさまざまだ。すべてを調べて、自分のトレードスタイルに最もふさわしい組み合わせを決めたほうがよい。
4. 損切りのストップ注文についてはどうだろうか（これに対する答えはすべての戦略ガイドブックで答えている）。

　　私たちは、**『コナーズの短期売買入門』**（パンローリング）を含めた出版物で、ストップ注文についてのリサーチを発表してきた。

　　私たちが発見したことは、損切りのストップ注文を置くとパフォーマンスが落ちやすく、多くの場合、エッジがまったく消えるということだった。たしかに、買った銘柄が下げ続けているときに、ストップ注文で損切りできれば気分が良い。一方で、多くの

短期トレード戦略について最大20年の検証をした結果では、ストップを置くと頻繁に損切りをさせられて、多くの損失が積み重なっていくことが示されている。ほとんどのトレード戦略では、こうした損失の蓄積を克服できない。

多くのトレーダーは損切りのストップを必ず置かなければならない。そうすることで、彼らは特に難しいトレードでも心理的に受け入れることができるからだ。ストップを使うかどうかは、自分で決めるべきことだ。だが、概して言えば、ストップを置くと、ここで紹介した戦略やほかの多くの短期戦略で得られるエッジは低くなる。繰り返すが、ストップを置くかどうかは、あなた自身が決めるべきことだ。私たちはどちらの手法を使うトレーダーにも、成功者がいることを知っている。

5. 検証では、スリッページと手数料は考慮に入れていない。それらを考慮に入れて（仕掛けでは指値を使っているので、スリッページは問題にならない）、取引費用が最低になるようにしよう。現在では、ほとんどの証券会社において、1株当たり1セント以下で取引できる。だから、特にあなたが活発にトレードをするのなら、自分にふさわしい証券会社を選ぼう。オンライン証券会社はあなたと取引をしたがっている。

6. このボリンジャーバンドを利用したETFのトレード戦略で見てきたように、価格が急落したあと、日中でさらに急落したときにトレードをすると大きなエッジが得られる。これらのトレードでは、しばしば恐れと不安がつきまとう。そして、そのときにエッジが高まるのだ。これらのトレードができるところを探そう。すでに分かったように、それらは長年にわたって利益をもたらしてきたからだ。

このコナーズ・リサーチ社のトレード戦略シリーズを楽しんでいた

けていたら幸いである。この戦略について質問があれば、遠慮なく電子メール（info@connorsresearch.com）を送っていただきたい。

付録──RSIの計算法

2期間RSI

2期間RSIとは、過去2日だけの値動きで計算するRSI(相対力指数)のことである。

RSIは1970年代に、J・ウエルズ・ワイルダー・ジュニアが開発し、『**ワイルダーのテクニカル分析入門**』(パンローリング)で発表したモメンタム系でよく使われているオシレーターだ。RSIは、市場の最近の上昇幅を下落幅と比較する。

そして、単純な公式で、この値動きを1から100までの値に変換する。マーケットあるいは個別銘柄のRSIの値が1に近いと、売られ過ぎとみなされる。逆に100に近いと、買われ過ぎとみなされる。

RSI = {(100 − [100 ÷ (1 + RS)])}
RS = X日間で上昇した日の値幅の平均 ÷ X日間で下落した日の値幅の平均

RSIは通常、14期間に設定されている。しかし、短期のETFのトレードでは、期間を短く設定したほうが、はるかに有効なことが分かっている。

RSIの良い例と説明はこのリンク先(http://stockcharts.com/school/doku.php?id=chart school:technical indicators:relative_strength_index_rsi)で見つけることができる。

第6部

移動平均に基づく株式とオプションのトレード——定量化手法

Trading Stocks and Options with Moving Averages -- A Quantified Approach

第1章 はじめに

Introduction

　指標は必ずしも、一般に考えられている働きしかしないわけではない。例えば、移動平均線はトレンドフォローのツールとして幅広く使われている。私たちが長年にわたって開発してきたトレード戦略の多くでも、トレンド方向を特定するために200日移動平均線を使っている。株価が200日移動平均線を上回っているときにだけ買いシグナルを有効とみなすと、多くのシステムで利益が向上すると分かっているからだ。

　ところが、最近、私たちが行ったリサーチによると、移動平均線は短期的な平均回帰を利用するトレード戦略の1つの要素としても使えることが分かった。これに驚くトレーダーもいるかもしれない。短期的な平均回帰戦略で、移動平均線のようなトレンドフォローの指標を使うのは奇妙に思えるからだ。

　ただし、この戦略で移動平均線を使うといっても、従来のような使い方をするわけではない。2004年に出版した『**コナーズの短期売買戦略**』（パンローリング）で強調したように、重要なのは値動きに関する独自の発見をすることである。

　私たちはその本で、マーケットで常識と考えられていることを検証してみた。その結果、広く認められていることに従うのは必ずしも最善ではないと分かった。例えば、最も望ましい買い時は、相場が短期

的に弱いときだった。また、リサーチによると、騰落に関する指標がすべて良いときよりも、悪いときに選別買いをするほうが利益は高かった。あるいは、上昇トレンドと認めるには出来高の増加が必要だという考えはトレーダーたちに広く信じられているが、売買の判断に出来高の変化は不要だった。

　私たちはこうしたリサーチを続けてきたが、いつでも見てきたのは一般に信じられている考えではなく、データのほうである。その過程で、移動平均線が短期的なタイミングを計るツールとして使えると分かったのだ。

　移動平均線は昔からトレンドフォローのツールとして使うのが一般的である。終値が移動平均線を上回れば買いシグナルとみなし、下回れば売りシグナルとみなす。この方法で利益を出すこともできるが、移動平均線には問題点もいくつかある。

　マーケットではレンジ相場の時期がほとんどだが、トレーダーはこの時期に次のトレンドが現れるのを待ちながら、ちゃぶつきを幾度となく経験する。ちゃぶつきとは、仕掛けるとすぐに反転する相場のことである。株価が移動平均線を中心に上下すると、手数料などのコストが膨らんで利益が消えることもある。

　また、移動平均線に基づく売買シグナルは、常に実際の値動きよりも遅れる。移動平均が相場を後追いするものである以上、これは逃れようがないことだ。しかし、この遅れのために、大きな値動きをとらえ損なうこともある。例えば、SPDRのS&P500ETF（SPY）は2009年3月に底を打ったあと30％以上も上昇してから、ようやく長期移動平均線に基づく買いシグナルを点灯させた。

　一般に移動平均線に基づくシステムの勝率は低い。システムが稼ぐ利益の大半はほんの少数のトレードから得られている。ほとんどのトレードはちゃぶつきのせいで損失に終わるか、利益が出てもわずかである。

こうした問題のために、移動平均線に基づくトレードは難しい。長期の検証では、そうしたトレードでも利益が出るように思われる。だが、現実には、シグナルが遅れて数多くの負けトレードが生じるために、このシステムをあきらめてしまうトレーダーが多い。

　私たちは移動平均線のこうした問題を、平均回帰に基づくトレードシステムを開発する好機ととらえた。

　ちゃぶつきは、移動平均線に基づくシステムの二者択一的な性質によって引き起こされる。このシステムは株価と移動平均線の関係に基づいて、仕掛けるか手仕舞うか、あるいは買いか売りかのどちらかを必ず指示する。私たちはこの問題をできるだけ避けるために、確率が高いトレードだけを行うようにルールを定義する。多くのマーケットでは、トレードにふさわしい時期は限られている。相場が売られ過ぎのときを見極めて、適切な時期にだけトレードをするようにルールを作ることは可能だ。

　移動平均線に基づくシステムのもうひとつの弱点は、手仕舞う前に相場が反転してかなりの含み益が消えてしまうか、シグナルが遅れるせいで仕掛ける前にかなりの利益をつかみ損なうことだ。これはトレンドが形成されているときには、株価が移動平均線から大きく外れるためである。この問題に対処するために、株価が移動平均線から大きく外れたときに手仕舞うトレーダーもいる。だが、そうすると別の問題が生じる。強いトレンドを逃すので、システムの収益力が落ちるのだ。私たちの対処法では、移動平均線を2本使って、転換点のシグナルが実際の相場からできるだけ遅れないようにする。

　私たちの戦略のルールはすべて、次章で詳しく説明する。この戦略は移動平均線を使う強力で新しい手法であり、どんなマーケットにおいても利益を達成できる。

　今回も、コナーズ・リサーチ社の戦略シリーズを楽しんでいただければ幸いである。

第2章 戦略のルール

Strategy Rules

　移動平均線は通常、トレンドを追うために用いられる。買われ過ぎや売られ過ぎを見極めるために、移動平均線を使うトレーダーもいるだろう。この手法では通常、株価が移動平均線から大きく外れるときを特定することが必要になる。株価がいつ移動平均線から大きく外れているかを判断するために、比率か標準偏差に基づくチャネルラインが移動平均線に書き加えられることが多い。だが、チャネルラインは相場の強さを判断できないため、上昇や下落が最大になる時期にはどうしてもうまくいかない。

　定量化された移動平均戦略では、相場の大きな転換をできるだけ見誤らないようにするために、2本の移動平均線を使う。2本の移動平均線は株価に沿って動く。これら移動平均線の関係を見れば、売られ過ぎになったときがはっきりと分かる。

　この戦略では、セットアップ、仕掛け、手仕舞いという単純な3段階でトレードを行う。次に、各段階のルールを詳しく述べよう。

　この戦略では、次の条件のすべてが満たされたときにセットアップが整う。

1．株価が5ドルを上回っている。
2．直近21日間（約1カ月）の1日の平均出来高が少なくとも25万株

ある。

3. 直近100日のヒストリカルボラティリティ［HV（100）］の値が30を超えている（ヒストリカルボラティリティの定義については付録を見てもらいたい）。
4. 今日の終値が200日移動平均線［MA（200）］を超えている。
5. 反応が速い移動平均線が遅い移動平均線を少なくともY％下回っている。ここで、Y＝2.5、5.0、7.5、10.0％のいずれかを使う。検証では、次の移動平均線を組み合わせたシナリオで行う。

シナリオ	速い移動平均線	遅い移動平均線
1	MA(C,5)	MA(C,10)
2	MA(C,5)	MA(C,20)
3	MA(C,5)	MA(C,50)
4	MA(C,10)	MA(C,20)
5	MA(C,10)	MA(C,50)

前日にセットアップが整っていたら、仕掛けは次のように行う。

6. 昨日の終値よりもX％下に指値を置く。ここで、Xは2、4、6、8、10％のいずれかを使う。

仕掛けたあとは、次の方法から事前に選んでおいたひとつを用いて手仕舞う。

7a. 終値が前日の終値よりも高い。私たちは通常、この手仕舞いを「終値で見て初めて上げた日」と称する。
7b. コナーズRSIの値が50を超えて引ける。
7c. コナーズRSIの値が70を超えて引ける。

７ｄ．終値が３日移動平均線を超えている。
７ｅ．終値が５日移動平均線を超えている。

　各ルールをもう少し詳しく見て、どうしてそれらを戦略に含めるのかを説明しよう。

　ルール１とルール２によって、流動性が非常に高いために売買が容易で、売買スプレッドが狭いために取引コストが低い銘柄を仕掛けることができる。

　ルール３によって、十分なボラティリティがあり、大きな値動きをする余地がある銘柄を選べる。

　ルール４で、長期トレンドの方向を確認する。終値が200日移動平均線を超えていることを条件とすることで、売られ過ぎだが、長期的には依然として上昇トレンド途上の銘柄を選べる。

　ルール５から、短期的に極端に売られ過ぎの銘柄を特定できる。

　ルール６によって、最適な価格で仕掛けることができる。セットアップのルールで売られ過ぎの銘柄を特定し、この仕掛けのルールにより、日中にさらに売られ過ぎになるまで待つ。

　ルール７は明確な手仕舞い法を示す。定量化されていて、明確で規律がある手仕舞いのルールを持つ戦略はほとんどない。ルール７で示す手仕舞いの明確な変数は、過去12年９カ月以上の検証結果で裏付けられたものだ。ほかの戦略のすべての変数と同じく、私たちは使う手仕舞い法を事前に決めておき、トレードでそのルールを一貫して用いる。

　ルール７ｂとルール７ｃでは、コナーズRSIを使って手仕舞いを定義する。私たちの過去の戦略の多くでは、２日RSIを使って売られ過ぎや買われ過ぎの銘柄を特定していた。最近のリサーチによると、コナーズRSIのほうがもっと効果的な指標であることが分かった。コナーズRSIについてなじみのない人は、第１部の付録に載せた詳しい説

明を見てもらいたい。

　検証では、手仕舞いのシグナルが点灯した日の大引けに、すべてのトレードを手仕舞っている。これでは不都合であれば、翌朝の寄り付き近くに手仕舞えばよい。私たちのリサーチによると、それでも通常は同様の結果が得られる。

　では、典型的なトレードがチャート上でどう見えるかを確認しておこう。

次の例では、セットアップが整った日の５日移動平均線が20日移動平均線を10％以上、下回ることを条件とする変数を使う。指値注文は、セットアップが整った日の終値よりも６％下に置く。そして、７ｃで定義したように、コナーズRSIの値が70を超えたときに手仕舞う。

図１　スミス＆ウェッソンのトレード

このチャートはスミス＆ウェッソン・ホールディングのもので、取引コードはSWHCである。チャートの上段には日足、５日移動平均線、20日移動平均線を示す。上向きの矢印は仕掛け日を、下向きの矢印は手仕舞いのルールが満たされた日を示す。

2012年８月22日の終値は7.96ドルで、最低５ドルという条件を十分に超えているので、ルール１を満たしている。

セットアップが整った日までの１日の平均出来高は190万株以上であり、最低条件の25万株を超えているので、ルール２も満たしている。

ルール３では、直近100日のヒストリカルボラティリティがセットアップが整った日に30を超えている必要がある。その日のHV（100）

の値は67.64だった。

その日の終値は7.96ドルで、200日移動平均の6.43ドルを超えていたので、ルール4も満たしている。

ルール5では、反応が速い移動平均線が遅い移動平均線よりも少なくともY％下回っている必要がある。ここでYは2.5、5.0、7.5、10.0％のいずれかである。私たちは速い移動平均線に5日、遅い移動平均線に20日、Y＝10.0％を使っている。

8月22日の5日移動平均は8.09ドル、20日移動平均は9.24ドルだった。そのため、速い移動平均線は遅い移動平均線よりも12％以上も下にあった。2つの移動平均線の関係は次の計算で分かる。

下の移動平均線が上の移動平均線を下回っている比率＝
　　　　〔(速い移動平均線÷遅い移動平均線) － 1〕×100
　＝〔(8.09ドル÷9.24ドル) － 1〕×100
　＝(0.8756－1)×100＝－12.44％

速い移動平均線のほうが遅い移動平均線よりも上に位置する場合、この値はプラスになる。

セットアップのルールは5つとも満たしているので、翌日の8月23日に指値注文を入れる。私たちが選んだ戦略の変数では、セットアップが整った日の終値よりも6％下に指値を入れることになっている（ルール6）ので、指値は次のようになる。

指値＝終値×(1－終値から指値までの％)
　　＝7.96ドル×0.94＝7.48ドル

8月23日に7.40ドルまで下げたので、指値注文が約定して、7.48ドルの指値で買う。

翌日である８月24日の終値は8.05ドルだった。コナーズRSIの値は72.22まで上昇した。これは70を超えているので、手仕舞いのシグナルが点灯する（ルール７ｃ）。私たちは終値の8.05ドル近くで手仕舞い、このトレードで手数料を別にして7.6％の利益を得る。

　損益＝上昇分（または下落分）÷約定値
　　　＝（8.05ドル－7.48ドル）÷7.48ドル
　　　＝0.57ドル÷7.48ドル＝7.6％

では、わずかに異なる変数を用いた例を見よう。この例では、セットアップが整った日に、5日移動平均線が20日移動平均線よりも5％以上、下にある必要がある。指値注文はセットアップが整った日の終値よりも8％下に置く。私たちはルール7eの手仕舞い法に従って、終値が5日移動平均線を超えたときに手仕舞う。
　次のチャートはスプレッドラム・コミュニケーションズ（SPRD）のもので、表示は前のチャートと同じである。

図2　スプレッドラム・コミュニケーションズのトレード

　このトレードでセットアップが整ったのは2011年12月13日だった。ルール1によって、終値は5ドルを超えている必要があるが、20.74ドルだった。セットアップが整った日までの1日の平均出来高は190万株以上であり、最低条件の25万株を超えているので、ルール2を満たしている。HV（100）の値は77.60なので、ルール3も満たしている。終値は20.74ドルで、200日移動平均の19.50ドルを超えていたので、ルール4も満たしている。

ルール5では、反応が速い移動平均線が遅い移動平均線よりも少なくともY％下回っている必要がある。ここでYは2.5、5.0、7.5、10.0％のいずれかである。私たちは速い移動平均線に5日、遅い移動平均線に20日、Y＝5.0％を使っている。

12月13日の5日移動平均は21.82ドル、20日移動平均は24.39ドルだった。そのため、速い移動平均線は遅い移動平均線よりも11％近く下にあった。2つの移動平均線の関係は次の計算で分かる。

下の移動平均線が上の移動平均線を下回っている比率＝
　　　　［（速い移動平均線÷遅い移動平均線）－1］×100
　＝［（21.82ドル÷24.39ドル）－1］×100
　＝（0.8946－1）×100＝－10.54％

セットアップの条件はすべて整ったので、翌日に指値注文を置く準備ができた。終値は20.74ドルだったので、ルール6に従って、19.08ドル（20.74ドル×0.98）に指値を置く。

12月14日の日中に17.51ドルの安値を付けたが、これは指値を下回っているので、注文は約定する。

12月20日の終値は21.38ドルであり、仕掛けて以降、初めて5日移動平均線を超えたので手仕舞いのシグナルが点灯する。

このトレードを実際に行っていたら、手数料を別にして約12.1％の利益が得られただろう。

これでトレードの仕組みはよく分かったと思うので、異なる変数の組み合わせについて過去の検証結果を見ていこう。

第3章 検証結果

Test Results

　あるトレード戦略に従うと将来にどういう結果が得られるか、それを事前に知ることは不可能である。だが、この第6部で述べているような完全に定量化された戦略では、少なくとも過去の結果がどうだったかの検証はできる。この手続きは「バックテスト」と呼ばれている。

　バックテストを実行するときにはまず、戦略を検証したい証券グループ（監視リストと呼ばれることもある）を選ぶ。ここの場合、監視リストはレバレッジを使わない株式である。

　次に、検証する期間を選ぶ。通常、バックテストの期間が長いほど信頼性は高まり、得られる結果も役に立つ。この第6部では、2001年1月にバックテストを始めて、私たちがこれを書いている時点で最新データが得られる2013年9月末まで続けた。

　最後に、全検証期間で、仕掛けと手仕舞いのルールを監視リストの各銘柄に当てはめて、仕掛けることができた変数の組み合わせに関する全データを記録して集計した。

　バックテストで得られる重要な統計のひとつは平均損益で、1トレード当たりの平均利益とも言われる。これを「エッジ」と呼ぶトレーダーもいる。平均損益は、％で表した利益と損失のすべてを、全トレード数で割った値である。次の10回のトレードを考えてみよう。

トレード番号	損益
1	1.7%
2	2.1%
3	-4.0%
4	0.6%
5	-1.2%
6	3.8%
7	1.9%
8	-0.4%
9	3.7%
10	2.6%

平均損益は次のように計算する。

$$平均損益 = (1.7\% + 2.1\% - 4.0\% + 0.6\% - 1.2\% + 3.8\% + 1.9\% - 0.4\% + 3.7\% + 2.6\%) \div 10 = 1.08\%$$

平均損益とは、投資した資金、つまり、各トレードを仕掛けるときに実際に使った資金に対する平均利益である。

3日から10日の短期トレードでは、ほとんどのトレーダーは全トレードで0.5～2.5％の平均損益を目指している。ほかの条件がすべて同じであれば、平均損益が大きいほど口座資金は増えていくだろう。もちろん、ほかの条件がすべて同じということはけっしてない！　特に、トレード数と平均損益を合わせて見ることが重要である。各トレードを仕掛けるときにほぼ同額の資金を使うとすると、10％の利益を上げるトレードを1回行うよりも、10回のトレードを行って、1トレード当たり4％の平均利益を得るほうがはるかに儲かるだろう。

もうひとつの重要な統計は勝率だ。これは単に、利益が出たトレード数を全トレード数で割った値である。前の表では、10回のトレードのうち7回のトレードで利益が出ていて、リターンはプラスになって

いる。この例での勝率は7÷10＝70％になる。

　平均損益が十分に高いときでも、どうして勝率を気に掛けるのか？

　それは一般に、勝率が高いほうが、ポートフォリオの純資産がより滑らかに上がっていくからだ。負けトレードは「集中」する傾向があり、そうなると、ポートフォリオの純資産は下がる。これはドローダウンと呼ばれている。純資産が下がると眠れなくなるか、トレードを放棄しようとさえ考えかねない。負けトレードが少ない、つまり勝率が高ければ、損失が集中しにくくなるため、ポートフォリオの純資産は激しく変動するのではなく、滑らかに拡大しやすくなる。

　　　　　　＊　＊　＊　＊　＊　＊　＊　＊

それでは、定量化された移動平均に基づく戦略の検証結果を、さまざまな変数の組み合わせで見ていこう。

次の表は、平均損益が最も高い順に検証結果を並べた、トップ20の変数の組み合わせを示す。結果にゆがみが生じないように、12年余りの検証期間で点灯したトレードシグナル数が100に満たない変数はすべて除外した。

平均利益に基づくトップ20の変数の組み合わせ

トレード数	平均損益	平均保有日数	勝率	移動平均線の組み合わせ	速い移動平均線までの距離	指値を前日の終値の何%下に置くか	手仕舞い法
160	5.51%	3.8	75.63%	MA(5)/MA(10)	10.0	10	Close > MA(5)
166	5.14%	3.9	69.28%	MA(10)/MA(20)	10.0	10	Close > MA(5)
236	4.99%	4.3	68.64%	MA(10)/MA(20)	10.0	10	CRSI > 70
980	4.78%	3.9	73.47%	MA(5)/MA(10)	5.0	10	Close > MA(5)
591	4.76%	4.0	70.56%	MA(5)/MA(20)	10.0	10	Close > MA(5)
712	4.52%	4.5	69.24%	MA(5)/MA(20)	10.0	10	CRSI > 70
360	4.51%	4.0	70.28%	MA(5)/MA(10)	7.5	10	Close > MA(5)
246	4.50%	3.9	70.73%	MA(5)/MA(10)	10.0	8	Close > MA(5)
175	4.49%	4.7	69.71%	MA(5)/MA(10)	10.0	10	CRSI > 70
379	4.48%	4.0	70.18%	MA(10)/MA(20)	7.5	10	Close > MA(5)
525	4.40%	4.5	69.52%	MA(10)/MA(20)	7.5	10	CRSI > 70
617	4.26%	3.7	71.15%	MA(5)/MA(10)	7.5	8	Close > MA(5)
267	4.24%	4.7	69.29%	MA(5)/MA(10)	10.0	8	CRSI > 70
1,125	4.23%	4.1	70.76%	MA(5)/MA(20)	7.5	10	Close > MA(5)
273	4.17%	3.9	68.86%	MA(10)/MA(20)	10.0	8	Close > MA(5)
1,074	4.16%	4.7	70.86%	MA(5)/MA(10)	5.0	10	CRSI > 70
874	4.10%	2.4	72.20%	MA(5)/MA(10)	5.0	10	Close > MA(3)
395	4.08%	4.4	69.87%	MA(10)/MA(20)	10.0	8	CRSI > 70
1,731	4.04%	3.8	73.43%	MA(5)/MA(10)	5.0	8	Close > MA(5)
394	3.93%	4.5	68.27%	MA(5)/MA(10)	7.5	10	CRSI > 70

MA(5)＝5日移動平均線　Close＝終値　MA(3)＝3日移動平均線　CRSI＝コナーズRSI

次は各列についての説明だ。

トレード数とは、2001年1月1日から2013年9月30日の間にこの変数の組み合わせでシグナルが点灯した回数である。

平均損益とは、投資した資金に対して、負けトレードを含む全トレードの平均利益または平均損失を見たものである。トップ20の変数は

12年余りの検証期間に、3.93～5.51％の利益を上げている。

平均保有日数とは、トレード期間の平均日数である。この変数の幅は比較的小さく、平均は4日をわずかに超えている。

勝率とは、シミュレーションをしたトレードのうちで利益が出た割合である。トップ20の変数のほとんどは70％台前半の勝率だった。多くのトレーダーが勝率50～60％を目指している世界にあって、これは高い勝率である。

移動平均線の組み合わせでは、検証で使う2つの移動平均線を定義している。これはルール5に対応していて、速い移動平均線と遅い移動平均線で使う日数を示す。検証では、次の移動平均線の組み合わせを使った。

シナリオ	速い移動平均線	遅い移動平均線
1	MA(C,5)	MA(C,10)
2	MA(C,5)	MA(C,20)
3	MA(C,5)	MA(C,50)
4	MA(C,10)	MA(C,20)
5	MA(C,10)	MA(C,50)

速い移動平均線までの距離とは、ルール5のYの値のことである。この列は、「速い移動平均線は遅い移動平均線を少なくともY％下回る。ここでY＝2.5、5.0、7.5、10.0％のいずれかである」というルールにおけるYの値を示している。

指値を前日の終値の何％下に置くかは、戦略のルール6に対応していて、仕掛けでの指値を決める。ここではセットアップが整った日の終値よりも2％、4％、6％、8％、10％下の指値で検証した。

手仕舞い法は、ルール7で述べたように、この戦略で手仕舞うのに用いたルールである。

それでは、検証で勝率が最も高かった変数の組み合わせを見ておこう。

勝率に基づくトップ20の変数の組み合わせ

トレード数	平均損益	平均保有日数	勝率	移動平均線の組み合わせ	速い移動平均線までの距離	指値を前日の終値の何%下に置くか	手仕舞い法
160	5.51%	3.8	75.63%	MA(5)/MA(10)	10.0	10	Close > MA(5)
980	4.78%	3.9	73.47%	MA(5)/MA(10)	5.0	10	Close > MA(5)
1,731	4.04%	3.8	73.43%	MA(5)/MA(10)	5.0	8	Close > MA(5)
2,956	3.09%	3.6	73.04%	MA(5)/MA(10)	5.0	6	Close > MA(5)
2,012	3.60%	3.9	72.47%	MA(5)/MA(20)	7.5	8	Close > MA(5)
874	4.10%	2.4	72.20%	MA(5)/MA(10)	5.0	10	Close > MA(3)
1,763	3.24%	3.6	71.75%	MA(5)/MA(20)	10.0	6	Close > MA(5)
318	3.88%	2.3	71.70%	MA(5)/MA(10)	7.5	10	Close > MA(3)
3,673	3.09%	4.0	71.47%	MA(5)/MA(20)	5.0	8	Close > MA(5)
1,558	3.57%	2.3	71.44%	MA(5)/MA(10)	5.0	8	Close > MA(3)
1,502	3.14%	1.6	71.17%	MA(5)/MA(10)	5.0	8	終値で見て初めて下げた日
617	4.26%	3.7	71.15%	MA(5)/MA(10)	7.5	8	Close > MA(3)
3,517	2.80%	3.7	71.14%	MA(5)/MA(20)	7.5	6	Close > MA(5)
1,926	3.60%	4.6	71.13%	MA(5)/MA(10)	5.0	8	CRSI > 70
880	3.56%	1.9	71.02%	MA(5)/MA(10)	5.0	10	CRSI > 50
1,035	3.88%	3.8	71.01%	MA(5)/MA(20)	10.0	8	Close > MA(5)
2,792	2.28%	3.4	70.99%	MA(5)/MA(20)	10.0	4	Close > MA(5)
4,792	2.06%	3.5	70.97%	MA(5)/MA(10)	5.0	4	Close > MA(5)
1,572	3.12%	1.8	70.87%	MA(5)/MA(10)	5.0	8	CRSI > 50
1,074	4.16%	4.7	70.86%	MA(5)/MA(10)	5.0	10	CRSI > 70

MA(5)＝5日移動平均線　Close＝終値　MA(3)＝3日移動平均線　CRSI＝コナーズRSI

トップ20はすべて、トレード数の70％以上で利益を出していた！ このリストと前の平均損益で見たリストがかなり重なっている点に注意してほしい。これは、過去データで検証したときの私たちの戦略の変数に、着実に勝ちトレードを積み重ねつつエッジ（損益）も優れているものがいくつかあることを示す。

第4章 戦略の変数を選ぶ

Selecting Strategy Parameters

　これまでの章では、戦略で検証したさまざまな変数について述べてきた。例えば、使った移動平均、速い移動平均線が遅い移動平均線をどれだけ下回っているか、仕掛けでの指値を前日の終値の何％下に置くか、手仕舞い法などについてだ。この章では、読者がトレードでどの変数を使うかを決めるにあたって、さらに考慮すべき点について述べておきたい。

　それでは、仕掛けと手仕舞いの考え方について少し述べておこう。仕掛けのルールも手仕舞いのルールも、どれほど厳格であるか、つまりどれほど達成するのがやさしいか難しいかという観点から考えることができる。また、厳格さは、ルールを満たす状況がどれほど頻繁に生じるかどうかの尺度だとも言える。コナーズRSIのようなオシレーターでは、値が中間にあるよりも両極端（0と100）に近いほど厳格で、生じにくくなる。

　仕掛けのルールは厳しいほうが満たされにくいので、通常はより厳しいルールに頼る戦略ほどトレード機会は減るだろう。堅牢な戦略であれば、トレード機会が少ないルールのほうが、平均ではたいていリターンが大きくなる。わずかに売られ過ぎの銘柄を買えば、上昇はそれほど大きくない可能性が高い。しかし、極端に売られ過ぎになるまで待てば、大幅に上昇して利益がもっと増える可能性がはるかに高く

なるだろう。

　仕掛けのルールとは対照的に、手仕舞いのルールを厳格にしても、その戦略から生じるトレード数にはほとんど影響しない。しかし、仕掛けのルールと同様に、手仕舞いのルールを厳しくするほど、通常は平均利益が増える。どうしてだろうか？　ここで説明しているような戦略では平均回帰を利用しようとするのだが、手仕舞いのルールが厳しいほどトレードは長く続きやすいため、この平均回帰の動きに出合う機会が増えるからだ。というわけで、仕掛けでは、トレード数を増やして、なおかつ利益を高めるのは難しい。また、手仕舞いでは、トレード期間を短くしながら、1トレード当たりの利益を高めるのは難しい。

* * * * * * * *

では、この第6部で取り上げている戦略に戻ろう。次の表では4つの変数を比較しているが、移動平均線の組み合わせ（速い移動平均線に5日、遅い移動平均線に10日）、仕掛けで指値を前日の終値から何％下に置くか（6％）、手仕舞い法（コナーズRSI＞70）の3つでは同じ値を使っている。仕掛けの条件で、速い移動平均線が遅い移動平均線を下回る比率だけを変えている。

仕掛けで速い移動平均線が遅い移動平均線を下回る比率を変えた場合

トレード数	平均損益	平均保有日数	勝率	移動平均線の組み合わせ	速い移動平均線までの距離	指値を前日の終値の何％下に置くか	手仕舞い法
10,059	1.98%	4.6	68.76%	MA(5)/MA(10)	2.5	6	CRSI＞70
3,360	2.83%	4.6	70.30%	MA(5)/MA(10)	5.0	6	CRSI＞70
1,106	3.11%	4.7	68.44%	MA(5)/MA(10)	7.5	6	CRSI＞70
407	3.51%	5.0	66.34%	MA(5)/MA(10)	10.0	6	CRSI＞70

MA(5)＝5日移動平均線　CRSI＝コナーズRSI

　この表で仕掛けの条件が最も緩いのは、速い移動平均線までの距離が2.5％の1行目だ。点灯したトレードシグナル数は最も多いが、1トレード当たりの平均利益は最も少ない点に注目してほしい。この距離を広げて、仕掛けのルールを厳しくするほど、トレードシグナル数は減っていくが、1トレード当たりの平均利益は上がっていく。距離を10％まで広げると、平均損益は1行目と比べて約75％上がるが、トレード数は20分の1以下にまで減少する。

　指値を前日の終値から何％下に置くかを除いて、すべての変数を一定にしておくときにも、当然ながら同じパターンが現れる。セットアップの条件が同じであれば、前日の終値よりも少なくとも10％下落した銘柄数よりも、2％以上下落した銘柄数のほうが明らかに多いからだ。

仕掛けで指値を置く位置を変えた場合

トレード数	平均損益	平均保有日数	勝率	移動平均線の組み合わせ	速い移動平均線までの距離	指値を前日の終値の何％下に置くか	手仕舞い法
8,317	1.34%	4.4	65.88%	MA(5)/MA(10)	5.0	2	CRSI > 70
5,509	1.97%	4.5	67.83%	MA(5)/MA(10)	5.0	4	CRSI > 70
3,360	2.83%	4.6	70.30%	MA(5)/MA(10)	5.0	6	CRSI > 70
1,926	3.60%	4.6	71.13%	MA(5)/MA(10)	5.0	8	CRSI > 70
1,074	4.16%	4.7	70.86%	MA(5)/MA(10)	5.0	10	CRSI > 70

MA(5)＝5日移動平均線　CRSI＝コナーズRSI

　仕掛けのルールを厳しくするほどトレード数は減るが、平均利益は高くなることが確認できた。それでは、手仕舞いのルールを見ることにしよう。ここでは、セットアップと仕掛けの条件を一定にしておき、手仕舞い法だけを変える。

手仕舞い法だけを変えた場合

トレード数	平均損益	平均保有日数	勝率	移動平均線の組み合わせ	速い移動平均線までの距離	指値を前日の終値の何％下に置くか	手仕舞い法
420	2.19%	1.9	65.95%	MA(10)/MA(20)	7.5	10	終値で見て初めて下げた日
403	2.98%	2.6	68.24%	MA(10)/MA(20)	7.5	10	Close > MA(3)
379	4.48%	4.0	70.18%	MA(10)/MA(20)	7.5	10	Close > MA(5)
430	2.49%	2.0	67.67%	MA(10)/MA(20)	7.5	10	CRSI > 50
525	4.40%	4.5	69.52%	MA(10)/MA(20)	7.5	10	CRSI > 70

MA(5)＝5日移動平均線　Close＝終値　MA(3)＝3日移動平均線　CRSI＝コナーズRSI

　ここでは、5つの変数のすべてにおいて、トレードシグナル数が非常に似ていて、その範囲は379～525回のトレードに収まっていた。しかし、最も緩い手仕舞い法を使った変数（終値が初めて上げた日に手仕舞う）では、平均利益は最も厳しい手仕舞い法の約2分の1になっている。また、移動平均線とコナーズRSIのそれぞれで2つの値を比べると、手仕舞いの条件をより厳しくするほうが平均利益と勝率が高いことが分かる。3日移動平均は5日移動平均よりも手仕舞いの条件が緩やかであり、トレード数は5日移動平均線よりも多いが、平均利

益は劣る。手仕舞いのルールで使うコナーズRSIでも、同じことが言える。

　この知識を押さえておけば、あなたのトレード計画に最もふさわしいトレードシグナル数や平均損益、平均保有日数が得られそうな変数を選ぶことができるだろう。

第5章 オプションを利用する

Using Options

　オプションのトレードは、ここ数年の間にマーケットで大きく成長した分野である。これは売買スプレッドが小さくなり、流動性が高まり、複雑なオプションをかつてないほど簡単にトレードできるようになったためである。

　それでは、ここまで説明してきたような相場の短期的な動きを利用して、オプションをトレードする方法に焦点を合わせよう。ここでの戦略すべてに言えるが、シグナルが点灯したときにオプションのトレードを行うには、明確なルールがある。

　先を進める前に、オプションに関するいくつかの用語や考え方を確認しておくと役に立つだろう。

　コールオプションの買い手はオプションの満期日かそれ以前に、権利行使価格で原資産の証券（株かETF）を買う権利があるが、義務はない。一般に、原資産である証券価格が上昇すると、コールオプションの価値も上がる。権利行使価格が原資産の価格を下回っているとき、コールオプションはイン・ザ・マネー（ITM）であると言われ、上回っているとき、アウト・オブ・ザ・マネー（OTM）と言われる。例えば、SPY（S&P500ETF）のオプションの権利行使価格が1ドル刻みで、SPYの価格が現在162.35ドルであれば、最初の（原資産価格に最も近い）イン・ザ・マネーのコールオプションは権利行使価格が

162ドルのものである。また、最初のアウト・オブ・ザ・マネーのコールオプションは、権利行使価格が163ドルのものである。

プットオプションの買い手はオプションの満期日かそれ以前に、権利行使価格で原資産の証券を売る権利があるが、義務はない。一般に、原資産の証券価格が下落すると、プットオプションの価値は上がる。権利行使価格が原資産である証券の価格を上回っているとき、プットオプションはイン・ザ・マネー（ITM）と呼ばれ、下回っているとき、アウト・オブ・ザ・マネーと呼ばれる（OTM）。SPYの価格が現在166.55ドルならば、最初の（原資産価格を上回る）イン・ザ・マネーのプットオプションは権利行使価格が167ドルのものである。そして、最初のアウト・オブ・ザ・マネーのプットオプションは権利行使価格が166ドルのものである。

この第6部で述べる戦略では、移動平均に基づく定量化されたルールに従って、売られ過ぎの株を買う。オプションでこの戦略を実行するには、コールオプションを買う。ほかの部で述べた空売りを使う戦略では、プットオプションを買う。

ほとんどのオプション1枚は、原資産の株の100株に相当する。しかし、ほとんどの取引プラットフォームで表示される気配値は1株当たりの価格である。そのため、オプションを買うときの費用は通常、1株当たりの価格の100倍に手数料を足したものである。というわけで、SPYのコールオプションが1.27ドルならば、コールオプションの購入費用は127.00ドルに手数料を足した額になる。オプション価格はプレミアムと呼ばれることがある。

オプションにはすべて満期日があり、満期日を過ぎると無価値になる。オプションの満期日で最も一般的なものは次の3つである。

●**毎週** 満期日は週の最終取引日で、通常は金曜日である。
●**毎月** 毎月、第3金曜日の次の土曜日に失効する。ということは、

オプションの最終取引日は第3金曜日である。
●**毎四半期** 満期日は各四半期末の最終取引日である。

　この第6部では、各月に満期日があるオプションだけに焦点を合わせる。満期日が最も近いオプションは期近と呼ばれる。例えば、今日が6月10日ならば、期近は6月の第3週に満期日を迎えるオプションである。翌月に満期（この場合は7月）を迎えるオプションは翌限月と呼ばれる。6月の満期日を過ぎると、7月が期近、8月が翌限月になる。

　このガイドブックの戦略では通常、ある一定のパターンが見られる。

1．仕掛けから手仕舞いまでの期間の大半は非常に短かった（2～12日）。
2．1トレード当たりの平均利益は大きく、短期の標準的な値動きを大幅に超えていた。
3．値動きのかなりの割合がトレード方向に動いた。

　私たちがこの種のパターンを見るとき、多くの戦略が考えられるが、ひとつの戦略が目立って良い（これは、プロトレーダーたちも認めている）。この戦略では、期近でイン・ザ・マネーのコールを買う。

　なぜ、期近物のイン・ザ・マネーのコールを買うのか？　それらが、連動する銘柄に最も近い値動きをするからだ。そして、オプションが原資産に近い動きをするほど、その動きが思惑どおりであれば、利益が高くなるからだ。

　売買ルールは次のとおりだ。

1．シグナルが点灯する。
2．期近のイン・ザ・マネーのコールを買う。あなたが通常、500株

でトレードしているのならば、コールを5枚買う（オプション1枚は株式の100株に等しい）。
3．原資産の銘柄で手仕舞いのシグナルが点灯すれば、オプションを手仕舞う。

先を進めよう。

1．イン・ザ・マネーとは具体的に何を意味するのか？

ここでの場合、権利行使価格が原資産価格を下回る最初もしくは2番目のオプションという意味だ。コールオプションの場合、これは原資産の現在の価格よりも安い。株価が48ドルでオプションの権利行使価格が5ドル刻みなら、45ドルか40ドルのコールを買えばよい。

2．どうして期近なのか？

保有期間が非常に短いので、満期日が最も近いオプションでトレードを行うほうがよいからだ。ただし、期近のオプション満期日から7日以内（つまり、第2水曜日以降）であれば、翌限月でトレードを行う。

3．ポジションを取っていて満期日を迎えたが、原資産の売買シグナルがまだ有効であるときは、どうするか？

その場合は、翌限月に乗り換える。その銘柄のシグナルに合わせてトレードを行っているのなら、シグナルが有効であるかぎり、ポジションを取り続けたほうがよいからだ。

4．流動性とスプレッドについてはどうだろう？

ここでは慎重さが要求される。オプションで流動性が正確に何を意味するかについて、明確なルールはない。多くのトレーダーは目安とする最低限の出来高や建玉から流動性を判断している。

そのオプションが活発に取引されているのなら、売買スプレッドを見よう。オプションの気配値が買い3.00ドル、売り3.30ドルであれば、スプレッドは10％である。本当に10％のスプレッドを克服して、利益を出せるだろうか？　それはありそうにない。では、気配値が買い3.25ドル、売り3.30ドルのオプションならどうだろう。これならずっと満足できて、取引可能だ。

5．株そのものではなく、コールオプションを買う利点は何だろう？
流動性があり、スプレッドも小さければ、利点は大きい。
1．投資資金に対する収益が大きくなる可能性がある。
2．縛られる資金が少なくて済む。
3．リスクにさらされる資金の比率が小さい。つまり、50ドルの株を買えば、理屈では価格がゼロになって、1株当たり50ドルを失う可能性もある。しかし、オプションであれば、代金として支払うプレミアム以上は失わないという意味だ。そのため、45ドルのコールを5.50ドルで買えば、リスクはプレミアムの5.50ドルに限定される。
4．選択肢が広がる。例えば、ある銘柄が50ドルで買いシグナルを発して、45ドルのコール代として5.50ドルを払ったとしよう。その銘柄がすぐに上昇すれば（56ドルとしよう）、そこで選択の余地が生じる。あなたは手仕舞ってもよいし、資金のほとんどを回収した上で、55ドルのコールに乗り換えてもよい。価格がそのまま上昇し続けると思っているのなら、これはほとんどリスクなしのトレードになる。

このような例は無数にある。そして、この種の戦略を用いる機会に関しては、オプションに関するほとんどの本に載っている。しかし、特殊なオプションのトレードや、単にコールを買う以外のトレードは、

私たちが質問した多くの専門家のアドバイスに反する。

　結論として、オプションは株そのものを買う代わりの良い選択肢になる。私たちの戦略でのトレード法では、期近のイン・ザ・マネーを使い、株のトレードと等しいサイズ（100株につき1枚のオプション）で仕掛けて、原資産で手仕舞いのシグナルが点灯したときに手仕舞う。

　多くの専門家の意見によると、このオプション戦略は、それらのシグナルで過去のデータを見たときに、最も優れていて最も効率的な戦略である。

第6章 終わりに

Additional Thoughts

1. この第6部で分かったように、移動平均線に基づく定量化戦略を一貫して用いれば、大きなエッジがあることがデータで示された。
2. あなたが使える変数の組み合わせは文字どおり何百通りもある。ルールで述べた変数を調整すれば、その戦略を自分のトレードに合わせて変えることができる。トレード回数を増やしたければ、仕掛けのルールで、反応がより速い移動平均線を調べるか、速い移動平均線までの距離が短い変数を調べるとよい。平均リターンを大きくしたければ、最も厳しい仕掛けの基準（速い移動平均線までの距離が長い変数や、指値を前日の終値から離す変数）と、最も長い保有期間（コナーズRSIの値が70を超えたときに手仕舞う方法）を持つ変数の組み合わせを調べるとよい。仕掛けと手仕舞いを素早く行い、トレードを翌日に持ち越すリスクを減らして資金をほかのトレードに振り向けられるようにしたいのであれば、最初に上げて引けた日に手仕舞う変数を試すとよい。
3. 損切りのストップ注文についてはどうだろうか（これに対する答えはすべての戦略ガイドブックで取り上げている）。

   私たちは、『コナーズの短期売買入門』（パンローリング）を含めた出版物で、ストップ注文についてのリサーチを発表してきた。

   私たちが発見したことは、損切りのストップ注文を置くとパフ

ォーマンスが落ちやすく、多くの場合、エッジがまったく消えるということだった。たしかに、買った銘柄が下げ続けているときに、ストップ注文で損切りできれば気分が良い。一方で、多くの短期トレード戦略について最大20年の検証をした結果では、ストップを置くと頻繁に損切りをさせられて、多くの損失が積み重なっていくことが示されている。ほとんどのトレード戦略では、こうした損失の蓄積を克服できない。

多くのトレーダーは損切りのストップを必ず置かなければならない。そうすることで、彼らは特に難しいトレードでも心理的に受け入れることができるからだ。ストップを使うかどうかは、自分で決めるべきことだ。だが、概して言えば、ストップを置くと、ここで紹介した戦略やほかの多くの短期戦略で得られるエッジは低くなる。繰り返すが、ストップを置くかどうかは、あなた自身が決めるべきことだ。私たちはどちらの手法を使うトレーダーにも、成功者がいることを知っている。

4. 検証では、スリッページと手数料は考慮に入れていない。それらを考慮に入れて(仕掛けでは指値を使っているので、スリッページは問題にならない)、取引費用が可能なかぎり最低になるようにしよう。現在では、ほとんどの証券会社において、1株当たり1セント以下で取引できる。だから、特にあなたが活発にトレードをするのなら、自分にふさわしい証券会社を選ぼう。オンライン証券会社はあなたと取引をしたがっている。

このコナーズ・リサーチ社のトレード戦略シリーズを楽しんでいただけていたら幸いである。この戦略について質問があれば、遠慮なく電子メール(info@connorsresearch.com)を送っていただきたい。

付録 —— ヒストリカルボラティリティ

ヒストリカルボラティリティ

ヒストリカルボラティリティとは、一定間隔で測った価格変化の対数分布の標準偏差である、と定義できる。通常は市場の決済価格（通常は終値と等しい）が最も信頼できると考えられているので、ボラティリティの最も一般的な計算方法では、決済価格から決済価格までの変化を使う。私たちは各価格変化（X_i）を次のように定義する。

$X_i = \ln(P_i \div P_{i-1})$

ここでP_iは、i期目の最終日の原資産価格である。
$P_i \div P_{i-1}$は価格比と呼ばれることもある。

週	原資産の価格	$\ln(P_i \div P_{i-1})$	平均値	平均値からの偏差	偏差の2乗
0	101.35				
1	102.26	+.008939		.007771	.000060
2	99.07	−.031692		−.032859	.001080
3	100.39	+.013236		.012069	.000146
4	100.76	+.003679		.002512	.000006
5	103.59	+.027699	+.001167	.026532	.000704
6	99.26	−.042698		−.043865	.001924
7	98.28	−.009922		−.011089	.000123
8	99.98	+.017150		.015982	.000255
9	103.78	+.037303		.036136	.001306
10	102.54	−.012020		−.013188	.000174
		+.011674			.005778

まず、価格変化の対数を取り、その標準偏差を計算する。

$$標準偏差 = \sqrt{(0.005778 \div 9)} = \sqrt{0.000642} = 0.025338$$

次は、標準偏差に、価格変化を見た期間の平方根を掛けて、年率のボラティリティを計算する。

私たちは週単位で値動きを見たので、期間は365÷7である。

$$年率ボラティリティ = 0.025338 \times \sqrt{(365 \div 7)} = 0.025338 \times \sqrt{52.14} = 0.025338 \times 7.22 = 0.1829(18.29\%)$$

シェルダン・ネイテンバーグ著『**オプションボラティリティ売買入門——プロトレーダーの実践的教科書［第2版］**』(パンローリング)の付録Bからの引用。

第7部

コナーズRSIに基づくオプションのトレード

Options Trading with ConnorsRSI

第1章 オプションの基本

Options Basics

　オプションは、かつてプロのマネーマネジャーがもっぱらトレードするものであり、彼らのポートフォリオをヘッジするための効率的な仕組みととらえられていた。しかし、この10年の間に、何百万人もの個人投資家が利用するようになると、オプションはトレードの主流になった。この需要に応じて、オンライン証券会社は自社の株取引プラットフォームにオプションを組み込んだため、その仕掛けや追跡、手仕舞いは株取引に劣らず簡単になっている。

　オプションが人気になった理由のひとつは、以下のような幅広い目的に使えることだ。

- 損失を回避するヘッジ目的
- クレジットスプレッド（あるオプションを売り、それよりもアウト・オブ・ザ・マネーのオプションを買う戦略）またはカバードコール（原資産を保有しつつ、コールオプションを売る戦略）を使った利ザヤ狙い
- レバレッジを大きく効かせたトレード
- 証券（株とETF）を買うか空売りする代わり

　この第7部では最後の項目、つまり証券、特にSPYという略称で知

られるS&P500ETFを買う代わりとしての使い方に焦点を合わせる。この文脈では、オプションを使う最大の利点は、リスクにさらす資金をかなり抑えつつ、原資産の証券（SPY）の上昇による利益を狙える点にある。さらに、第3章で説明するように、私たちは一貫した定量化手法を用いて、仕掛けと手仕舞いのタイミングを計るだけでなく、トレードをしたいオプションを選ぶ。ここで学ぶような明確な戦略はオプションの世界ではまれである。それが、オプションは「リスクが高い」という世評が個人トレーダーの多くに広まっている大きな一因である。

この第7部でオプションの基本をすべて説明することはできない。しかし、先を進める前に、オプションに関するいくつかの用語や考え方を確認しておくと役に立つだろう。

コールオプションの買い手はオプションの満期日かそれ以前に、権利行使価格で原資産の証券（株またはETF）を買う権利があるが、義務はない。一般に、原資産である証券価格が上昇すると、コールオプションの価値も上がる。権利行使価格が原資産の価格を下回っているとき、コールオプションはイン・ザ・マネー（ITM）であると言われ、上回っているとき、アウト・オブ・ザ・マネー（OTM）と言われる。例えば、SPYのオプションの権利行使価格が1ドル刻みで、SPYの価格が現在142.35ドルであれば、最初の（原資産価格に最も近い）イン・ザ・マネーのコールオプションは権利行使価格が142ドルのものである。また、最初のアウト・オブ・ザ・マネーのコールオプションは、権利行使価格が143ドルのものである。

プットオプションの買い手はオプションの満期日かそれ以前に、権利行使価格で原資産の証券（株またはETF）を売る権利があるが、義務はない。一般に、原資産の証券価格が下落すると、プットオプションの価値は上がる。権利行使価格が原資産である証券の価格を上回っているとき、プットオプションはイン・ザ・マネー（ITM）と呼

ばれ、下回っているとき、アウト・オブ・ザ・マネーと呼ばれる（OTM）。SPYの価格が現在136.55ドルならば、最初の（原資産価格に最も近い）イン・ザ・マネーのプットオプションは権利行使価格が137ドルのものである。そして、最初のアウト・オブ・ザ・マネーのプットオプションは権利行使価格が136ドルのものである。

ほとんどのオプション1枚は、原資産の株やETFの100株（口）に相当する。しかし、ほとんどの取引プラットフォームで表示される気配値は1株（口）当たりの価格である。そのため、オプションを買うときの費用は通常、1株（口）当たりの価格の100倍に手数料を足したものである。というわけで、SPYのコールオプションが1.27ドルならば、コールオプションの購入費用は127.00ドルに手数料を足した額になる。オプション価格はプレミアムと呼ばれることがある。

オプションにはすべて満期日があり、満期日を過ぎると無価値になる。オプションの満期日で最も一般的なのは次の3つである。

- **毎週** 満期日は週の最終取引日で、通常は金曜日である。
- **毎月** 毎月、第3金曜日の次の土曜日に失効する。ということは、オプションの最終取引日は第3金曜日である。
- **毎四半期** 満期日は各四半期末の最終取引日である。

この第7部では、各月に満期日があるオプションだけに焦点を合わせる。満期日が最も近いオプションは期近と呼ばれる。例えば、今日が6月10日ならば、期近は6月の第3週に満期日を迎えるオプションである。翌月に満期（この場合は7月）を迎えるオプションは翌限月と呼ばれる。6月の満期日を過ぎると、7月が期近、8月が翌限月になる。

次に、私たちのオプション戦略の目玉であるコナーズRSIを見たあと、実際のトレードルールに移ることにしたい。

第2章 コナーズRSI

The ConnorsRSI Indicator

　1990年代半ばから、ローレンス・コナーズ（と、のちにコナーズ・リサーチ）は定量化されたトレード戦略の開発、検証、出版をしてきた。この間に、私たちはさまざまなテクニカル指標を数多く検討して、将来の値動きをどれほど効果的に予測できるかを評価した。私たちはさらに一歩を進めて、コナーズRSIという指標を自ら考案した。この第7部の目的はコナーズRSIの説明をしたうえで、この新しい指標を利用する、明確で定量化されたトレード戦略を示すことだ。

　コナーズRSIは3つの要素を合成した指標である。3つの要素のうちの2つは1970年代にウエルズ・ワイルダー・ジュニアが考案したRSI（相対力指数）の計算法を利用している。そして、3つ目の要素は直近の値動きを0～100の尺度でランク付けする。これら3つの要素を合わせると、モメンタムオシレーターになる。つまり0～100の間を変動する指標で、ある証券が買われ過ぎの水準（高い値）にあるか、売られ過ぎの水準（低い値）にあるかを示す。

　コナーズRSIの計算法について述べる前に、ワイルダーのRSIについて説明しておこう。RSIは非常に有用で人気があるモメンタムオシレーターで、計測期間における上昇幅と下落幅を比較する、ワイルダー自身は14期間が理想的な計測期間だと信じていた。私たちは14期間RSIを簡単に表すために、しばしばRSI（14）と記す。次の公式では、

一連の値動きについてRSI（14）を計算している。

RSI = 100 －［100 ÷（1 ＋ RS）］

RS ＝ 平均上昇幅 ÷ 平均下落幅

平均上昇幅 ＝［(直近の平均上昇幅) ×13 ＋ 今日の上昇幅］÷14
最初の平均上昇幅 ＝ 過去14期間で上昇した日の上昇幅の合計 ÷14

平均下落幅 ＝［(直近の平均下落幅) ×13 ＋ 今日の下落幅］÷14
最初の平均下落幅 ＝ 過去14期間で下落した日の下落幅の合計 ÷14

（**注**　「下落」も絶対値で示される）

　RS ＝ X日間で上昇した日の値幅の平均 ÷ X日間で下落した日の値幅の平均

　RSIを計算する期間（N）を変えたければ、上の公式の14をNにして、13をN－1にする。計算にどういう期間を使おうと、結果は常に0から100の値を取る。RSI（14）を使うトレーダーは通常、値が70以上だと買われ過ぎとみなし、30以下だと売られ過ぎとみなす。

　これまでの私たちのリサーチによると、RSIは計測期間を短くするほど、短期の値動きを効果的に予測できる。私たちはRSI（2）を利用する多くの戦略や、RSI（3）とRSI（4）を使ういくつかの戦略を発表してきた。期間を変えると、買われ過ぎや売られ過ぎの状況を最も良く示すRSIの水準も変わる。例えば、RSI（2）では通常、10

以下が売られ過ぎの指標として信頼できるし、90以上であれば買われ過ぎの良いベンチマークになる。

　それでは、コナーズRSIに戻ろう。すでに述べたように、コナーズRSIは3つの要素を合わせた指標であり、想像できるように、それらはすべて私たちのリサーチでかなりの予測力があることが繰り返し示されている。

価格のモメンタム　すでに述べたように、RSIは価格のモメンタム、すなわち、買われ過ぎと売られ過ぎの水準を測る優れた指標である。コナーズRSIの初期設定では、証券の日次ベースでの終値を使って3期間RSIを計算する。私たちはこの値をRSI（終値、3）と記す。

上昇・下落トレンドの期間　ある銘柄の今日の終値が昨日の終値よりも安いとき、「下げて引けた」と言う。さらに、昨日の終値が2日前の終値よりも安かったら、終値は2日「連続で」下げている。私たちのリサーチによると、連続して下げる期間が長いほど、株価が平均に戻るときに大きく上げやすい。同様に、連続して上げる期間が長いほど、株価が平均回帰するときに大きく下げる。連続期間は事実上、買われ過ぎ・売られ過ぎの指標のひとつと言える。

　問題は理屈からすれば、上昇や下落は何日でも続く可能性があるということだ。もっとも、過去の経験に基づいて現実的な上限や下限を設定することはできるだろう。例えば、20日以上続けて上昇や下落したことはほとんどなかった、ということに気づくかもしれない。しかし、それでも、典型的なオシレーターのように、0〜100の間を変動する値にはできない。

　これに対する解決法は2段階に分かれる。まず、連続した日数を数えるときに、上昇が続いたときにはプラスの値、下落が続いたときに

はマイナスの値を使う。簡単な例で説明しよう。

日	終値	連続期間
1	$20.00	
2	$20.50	1
3	$20.75	2
4	$19.75	-1
5	$19.50	-2
6	$19.35	-3
7	$19.35	0
8	$19.40	1

　2日目の終値は1日目の終値よりも高いので、連続して1日上げている。3日目も再び上げて引けたので、2日連続で上げて、連続期間の値は2になる。4日目の終値は下げたので、連続して下げた日は1日である。上昇ではなくて下落なので、連続期間の値はマイナス（－1）になる。5、6日目も下落が続いたので、連続期間の値は－2と－3になる。7日目の終値は変化がないので、連続期間の値は0になり、終値が上げも下げもしなかったことを示す。最後の8日目には終値が再び上げて、連続期間の値は1に戻る。

　解決法の次の段階では、RSIの計算法を連続期間の値に当てはめる。初期設定では、コナーズRSIはこの部分の計算に2期間RSIを使い、RSI（連続、2）と表示する。すると、連続して上昇するほど、RSI（連続、2）の値は100に近づく。逆に、連続して下落するほど、RSI（連続、2）の値は0に近づく。これで、同じ0～100の尺度を使うRSI（終値、3）とRSI（連続、2）という2つの要素が得られた。これらから、評価したい証券が買われ過ぎか売られ過ぎかの見通しが得られる。

価格変化の相対的な順位　コナーズRSIの3つ目の要素では、前日の

価格変化と比べた今日の価格変化の順位を見る。そのために、パーセントランクの計算を用いる。これは「百分率」と呼ばれることもある。基本的に、パーセントランクの値は、計測期間に現在の値がそれよりも小さい値から何パーセントの位置にあるかを示す。

　この計算では、金額ではなく前日の終値との変化率を測る。この上昇率か下落率は通常、前日比騰落率と呼ばれている。例えば、昨日の終値が80.00ドルで今日の終値が81.60ドルだったら、前日比騰落率は、（81.60ドル－80.00ドル）÷80.00ドル＝0.02＝2.0％になる。

　パーセントランクを計算するためには、計測期間を決める必要がある。そして、計測期間で現在の値よりも小さい値の数を、値の全数で割ると、パーセントランクの値が求められる。例えば、計測期間が20日ならば、今日の2.0％の上昇率を、直近20日のそれぞれの前日比騰落率と比較する。それらの値のうちで、3つが2.0％に満たないとする。その場合、パーセントランクの計算は次のようになる。

　パーセントランク＝3÷20＝0.15＝15％

　コナーズRSIで使う初期設定のパーセントランクは計測期間が100で、パーセントランク（100）と記す。私たちは今日のリターンを直近100のリターン、あるいは約5カ月の過去の値動きと比較している。繰り返すが、上昇率が大きいほど、パーセントランクの値は100に近くなる。そして、下落率が大きいほど、パーセントランクの値は0に近くなる。

　コナーズRSIの最後の計算は、これら3つの要素の平均を求めるだけだ。そこで、初期設定のパラメータを使うと、次の公式が得られる。

　コナーズRSI（3、2、100）＝［RSI（終値、3）
　　　　　　＋RSI（連続、2）＋パーセントランク（100）］÷3

結果として得られる指標は非常に強力で、3つの要素のどれを単独で使うよりも効果的だ。実のところ、3つの要素すべてをまとめて使うよりも、コナーズRSIを使うほうが有利なこともある。仕掛けや手仕舞いのシグナルに複数の指標を使うとき、私たちは通常、指標ごとに目標とする値を設定する。そして、すべての指標でその値を下回るか上回ったときにのみ、シグナルを有効とみなす。しかし、コナーズRSIは3つの指標の平均を用いるため、ひとつの指標の値が強ければ、別の指標の値がわずかに弱くともそれを補う効果がある。簡単な例で説明しよう。

トレーダーAとトレーダーBが、次の指標の値を売られ過ぎとみなすことに同意したと仮定しよう。

- RSI（終値、3）＜15
- RSI（連続、2）＜10
- パーセントランク（100）＜20

トレーダーAは3つの条件をすべて満たしたときにだけトレードをすると決める。トレーダーBはコナーズRSIを使って仕掛けのシグナルを生み出すことに決め、（15＋10＋20）÷3＝15を上限の値とする。では、ある銘柄の今日の値が次のとおりだと仮定しよう。

- RSI（終値、3）＝10
- RSI（連続、2）＝8
- パーセントランク（100）＝21
- コナーズRSI＝（10＋8＋21）÷3＝13

指標のうちのひとつが仕掛けの条件を満たしていないため、トレーダーAはトレードをしないだろう。だが、トレーダーBはトレードを

実行する。パーセントランクの値は条件にわずかに届いていないが、条件を満たしているほかの２つの値でそれを補っているからだ。３つの指標はすべて、買われ過ぎ・売られ過ぎという同じ状況を異なる手法で測定しているので、この「多数決」の手法を取るのは直観的に筋が通っている。もっと重要なことだが、私たちのリサーチによると、コナーズRSIは私たちが検証したほかのどのモメンタム指標よりも優れていた。

あなたがトレードで使っている指標に加えて、この指標がどういう働きをするか、証券価格について何を伝えているかを知れば役に立つだろう。私たちがコナーズRSIを開発していたときの目標は、株やETFが売られ過ぎになると指標の値が低くなり、買われ過ぎになると値が高くなる、優れたモメンタムオシレーターを作ることだった。

この目標を達成したかどうかを判断するために、私たちは次の検証を行った。私たちは流動性が極めて高い約6000銘柄から成るリストを作った。そのなかから、2001年１月２日以降で特定の日に次の特徴を持つ銘柄をすべて調べ上げた。

１．入手できる取引データが少なくとも200日分ある。
２．過去21日の１日当たり平均出来高が少なくとも50万株ある。

基準を満たした各銘柄は、その日の大引けのコナーズRSIの値に応じて、20の「枠」のひとつに入れた。コナーズRSI（３、２、100）の値が５に満たない銘柄は０の枠に入れた。この値が５以上10未満の銘柄は５の枠などと続けていき、95から100までの銘柄が入る95の枠まで作った。この手順を2012年７月31日までのすべての日で繰り返した。

次に、20の枠それぞれで、検証期間のすべての日ごとに、各銘柄のその後の５日のリターンを計算し、20の枠ごとの平均を出した。要す

るに、コナーズRSIの値が特定の枠に入る銘柄ごとに、その後5日間の典型的な値動き（％）を求めたのだ。

私たちは売られ過ぎの（コナーズRSIの値が低かった）銘柄の株価は上昇し、買われ過ぎの銘柄は下落するだろうと予想した。次の表で分かるように、まさにそのとおりの結果が得られた。

コナーズRSI（3、2、100）の枠	その後の5日のリターン
0	2.28%
5	1.18%
10	0.56%
15	0.41%
20	0.31%
25	0.20%
30	0.23%
35	0.20%
40	0.14%
45	0.13%
50	0.28%
55	0.32%
60	0.21%
65	0.18%
70	0.08%
75	0.02%
80	0.04%
85	-0.14%
90	-0.46%
95	-1.42%

コナーズRSIの値が20以下になると、その後の5日のリターンが大幅に向上し始めるのが分かる。この値が0～5（0の枠）に入る銘柄は、その後の5日における平均上昇率が2.28％に達した。

コナーズRSIの値が上位の銘柄では、これと逆の動きが見られる。この値が80を超えると、その後5日のリターンはマイナス幅が大きくなり、値が95の銘柄ではその後の5日間に1.42％下落している。

　視覚的にとらえたい人のために、この表と同じ情報を次のチャートで示しておいた。

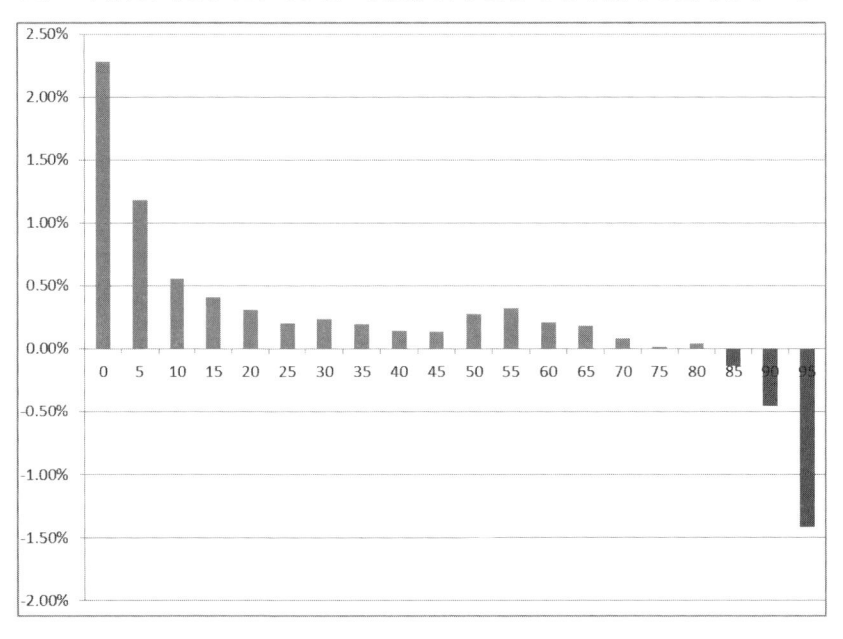

コナーズRSI（3、2、100）の値がXのときのその後の5日のリターン

　ここまで、コナーズRSIを単独で見てきたので、コナーズRSIに基づくオプショントレード戦略のルールに移り、この指標が完全なシステムの一部としてどういう働きをするかを見ることにしよう。

第3章 コナーズRSIに基づくオプショントレード戦略のルール

ConnorsRSI Option Strategy Rules

　オプション戦略に話が及ぶとき、バーティカルスプレッド、カレンダースプレッド、バタフライ、アイアンコンドルやそのほか多くの、権利行使価格や満期日が異なるオプションのポジションが話題になることが多い。しかし、これらの「戦略」は関係するオプションの組み合わせを定義しているだけで、トレードで利益を上げるための仕掛けや手仕舞いに関する指針は何もない。対照的に、私たちは「戦略」を、定量化されていて、正確に繰り返し実行できる仕掛けと手仕舞いのルールと定義している。これらのルールは過去データによる検証で裏付けられているので、あなた自身のトレード計画を補うのに最も適した変数を選ぶことができる。

　オプションはデリバティブ（金融派生商品）である。ということは、それらの価格は原資産である証券の価格や満期日までの残存日数といった別のものから導き出されているという意味だ。さらに、第1章で述べたように、オプションには特有の用語や考え方もある。オプションを初めてトレードする人にとって、オプションの戦略を実行する仕組みは株やETFのトレードに比べると複雑に思えるかもしれない。

　そのため、私たちはコナーズRSIに基づくオプションのトレード戦略をごく基本的なものから始めたい。そして、基本ルールを完全に説明し終えたら、そのルールにフィルターや変数を追加する。この章の

終わりに、使える変数をすべて組み合わせた、完全なルールをまとめるつもりだ。

最初は次に示すように、ひとつの仕掛けのルールとひとつの手仕舞いのルールを使う。

仕掛けのルール

SPY（S&P500ETF）のコナーズRSI（3、2、100）の値が15を下回って引けるとき、最初のイン・ザ・マネーのコールオプションのうちで、残存日数が少なくとも8日あるものを買う。

第2章で学んだように、価格が押すとコナーズRSIの値が低くなる。それは売られ過ぎの状態を示していて、株やETFはその後にたいてい上昇する。そういうわけで、私たちの仕掛けのルールでは、最初の段階で、SPYの価格が上昇しそうな状況を特定する。

次の段階では、現在、「イン・ザ・マネー」の状態にある、最初のコールオプションを買うように指示する。それは、SPYの価格よりも安いコールオプションのうちで、権利行使価格が最も高いものを探すということだ。この例については、すぐあとで見る。覚えているかもしれないが、コールを買うのは、原資産である証券価格が上昇するときにコールの価格もたいてい上昇するからだ。

最後の段階では、買うオプションは残存日数が少なくとも8日あるべきだと述べている。手仕舞う前にオプションが満期日を迎えてしまった場合でも、対処法はいろいろとある。だが、ほとんどの場合、そうした調整をしないでも、時間的に余裕を持ってトレードできるコールを買うほうが簡単だ。

手仕舞いのルール

　SPYのコナーズRSI（3、2、100）の値が75を超えて引けるときに手仕舞う。

　手仕舞いルールはそれほど説明の必要がない。私たちはコナーズRSIの値が高くなり、SPYが買われ過ぎの状況に達するまで待つだけだ。その状況では、価格はそれ以上に上昇し続けることが難しい。そのため、私たちは買ったコールを売って、トレードを手仕舞う。

それでは、基本的なトレードの例を見よう。

図1　仕掛けと手仕舞いの基本ルールでトレードしたときのSPYの値動き

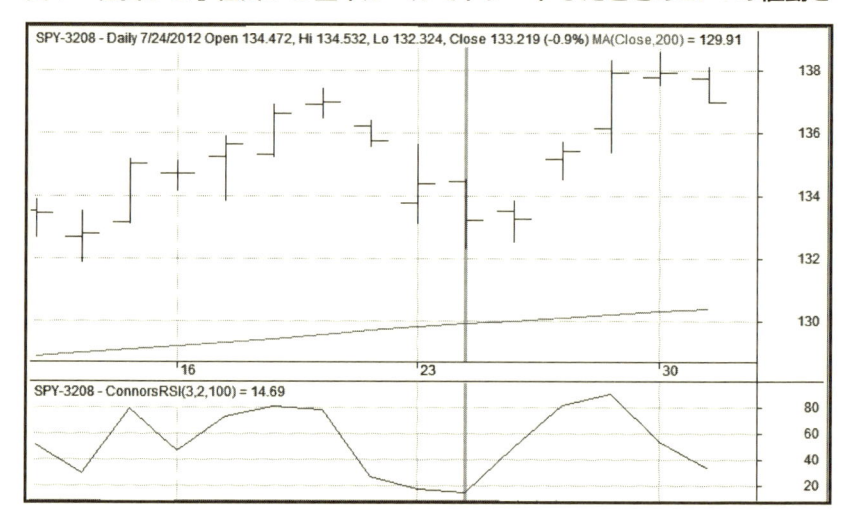

このチャートは2012年7月後半のSPYのものだ。上段の右肩上がりの線は、SPYの終値の200日移動平均線を示す。下段の線はSPYのコナーズRSI（3、2、100）の値を示している。

中央付近の垂直線は現在、選択している日で、2012年7月24日である。この日に、コナーズRSIの値は14.69まで下がった。これは私たちの仕掛けでの上限値である15を下回っている。仕掛けのルールでは、これは残存日数が少なくとも8日ある、最初のイン・ザ・マネーのコールを買うようにというシグナルである。これが何を意味するか見ておこう。

2012年7月24日のSPYの終値は133.22ドルだった。コールオプションがイン・ザ・マネーであるためには、権利行使価格が原資産であるSPYの現在の価格を下回っていなければならない。SPYのオプション

の権利行使価格は1ドル刻みなので、最初のイン・ザ・マネーの権利行使価格は133ドルである。

次に、私たちはどの限月を買うかを決める必要がある。7月限のオプションは7月20日の金曜日（厳密には21日の土曜日）に満期になるので、それらはトレード対象にならない。次に買えるものは8月限である。7月24日時点で、8月の満期日まで18日あるので、8月限のオプションは残存日数が8日以上あること、という私たちの条件を満たしている。それで、私たちは満期日が2012年8月18日、権利行使価格が133ドルのSPYのコールを買うことになる。このオプションはしばしば、「8月限 133 SPY コール」と略記されている。次のチャートはこのオプションのものである。

図2　仕掛けと手仕舞いの基本ルールでトレードしたときのオプションの値動き

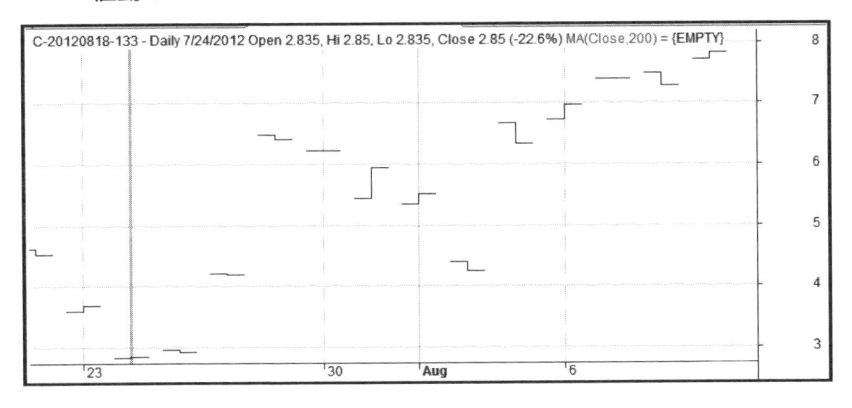

このチャートの垂直線も現在、選択している日を示していて、私たちが仕掛けた2012年7月24日を指している。この日のコールオプションの終値は2.85ドルだった。オプションの気配値は通常、1株（口）当たりで表示されるが、実際のトレードは原資産の証券100株を1枚

とする単位で行われる点に注意してほしい。そのため、「8月限133 SPYコール」を1枚買うには、285.00ドルに証券会社の手数料を足した額が必要になる。

次に、私たちは手仕舞いのシグナルを待つ。図1に戻ると、仕掛けた翌日に、SPYのコナーズRSIの値が60近辺にまで上昇しているのが分かる。私たちの手仕舞いでは、この値が75以上になることを条件としているので、ポジションを維持するだけだ。その翌日の7月26日の大引けに、コナーズRSIの値が80をわずかに超えているのが分かる。正確な値は81.67である。これは手仕舞いのシグナルだ。

それでは、図2に戻ろう。「8月限133 SPYコール」のチャートを見ると、オプションが7月26日に4ドルと5ドルの間で引けていることが分かる。実際の価格は419ドルだった。それは私たちが419ドルから手数料を引いた額で手仕舞うことを意味する。このトレードでの利益は次のとおりである。

（419ドル－285ドル）÷285ドル＝0.4702＝47.02％

先に進む前に、株とオプションではチャートに大きな違いがある点に気づいてほしい。株やETFでもギャップを空けて上昇や下落をすることはときどきあるが、隣り合う日足はある程度重なっているのが最も一般的だ。対照的に、オプション価格は日々、大幅に動く。特に夜間の値動きは大きい。オプションの値動きは小さいように思えるかもしれないが、比率で見ると非常に大きくなることもある。これがオプションのようにレバレッジを使う金融商品をトレードする最も分かりやすい利点のひとつだ。ただし、レバレッジはもろ刃の剣であることを忘れないでほしい。

私たちの最も基本的な戦略ルールを完成させるには、もうひとつの問題について考えておく必要がある。それはオプションの満期日だ。

オプションが満期日を迎える前にトレードの大半を終えるために、私たちは残存日数が少なくとも8日あるオプションを買う。それでも、手仕舞いのシグナルが点灯する前に満期日が到来することもあるだろう。その場合には2つの選択肢がある。ポジションを手仕舞うか、翌限月に乗り換えるかだ。

　オプションが満期日を迎えたときにポジションを手仕舞うのは極めて簡単だ。SPYに手仕舞いのシグナルが点灯したかどうかに関係なく、満期日の金曜日にコールを売るだけだ。良くも悪くも、トレードはそれで終わりになる。

　オプションのポジションを乗り換えるときに、トレーダーはロールオーバーという用語をよく用いる。私たちの場合、ロールオーバーは極めて単純だ。満期日である金曜日の大引け近くに、満期間近のコールを売って、翌限月のコールを同じ枚数だけ買うのだ。新しいオプションの権利行使価格は現在、イン・ザ・マネーの最初のものであるべきだが、それは必ずしも満期日が迫ったオプションと同じ権利行使価格というわけではない。こうして、私たちは適切な手仕舞いのシグナルが点灯するまで、トレードを続けることができる。検証結果の章では、満期日に手仕舞う場合とロールオーバーする場合の両方を検証して、どちらの方法があなたにとって最適かを判断できるようにしている。

　それでは、基本ルールを拡張しよう。あなたはもう、コナーズRSIの15と75という値に何も神秘的なことはないと気づいているだろう。実際、私たちはコナーズRSIについて、仕掛けでは5から20、手仕舞いでは60から80の値を使って検証した。それでは、仕掛けで20、手仕舞いで80の値を使ったトレードを見よう。また、ロールオーバーをした場合の結果を見るために、その例もトレードに含めている。

図3　仕掛け2

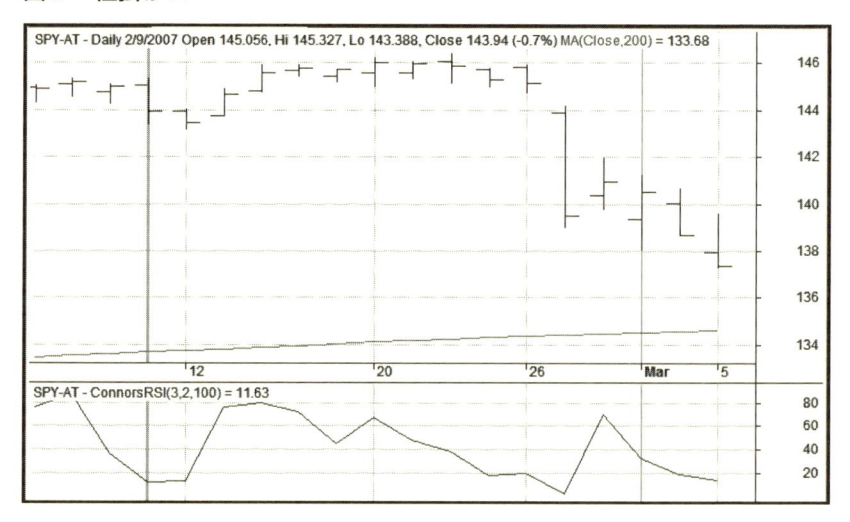

前の例と同じく、仕掛け日は垂直線で示されていて、2007年2月9日を指している。この日の大引けに、SPYのコナーズRSIの値は11.63まで下げていて、20以下という私たちのルールを満たしている。SPYの終値は143.94ドルだったので、最初のイン・ザ・マネーの権利行使価格は143ドルである。

2007年2月に、2月限のオプションは17日の土曜日に満期になるため、16日の金曜日が最終取引日になる。2月9日も金曜日なので、満期日までちょうど1週間（5日）である。2月限の取引日は8日も残っていないので、私たちが実際にトレードを行っていたら、3月限のオプション、それも、「3月限 143 SPY コール」を買っていただろう。2月9日に、そのオプションは1株当たり2.75ドルで引けたので、1枚を買うのに275.00ドルが必要だっただろう。

私たちはポジションを取ったので、コナーズRSIの値が80を超えて、手仕舞いのシグナルが点灯するまで待つ。仕掛けて3日後に、チャー

ト下段のコナーズRSIの線が80を超えそうになっていることに注意しよう。2月14日の実際の値は79.98だった。終値の2分前にトレードの判断をしていたら、コナーズRSIの値はおそらく80を超えていて、手仕舞えていただろう。だが、私たちの検証では大引けのベルが鳴るまでトレードができると仮定している。そして、コナーズRSIの値は大引けで80を超えなかったので、私たちは2月14日にはポジションを手仕舞わないだろう。

　3月初めまで見ると、SPYの価格は2～3日間横ばいをしたあと、下げ始めているのが分かる。コナーズRSIの値も下がっている。2～3回上がるが、80は超えない。このトレードがどうなるかを確認するために、3月のチャートを見よう。

図4　ロールオーバー

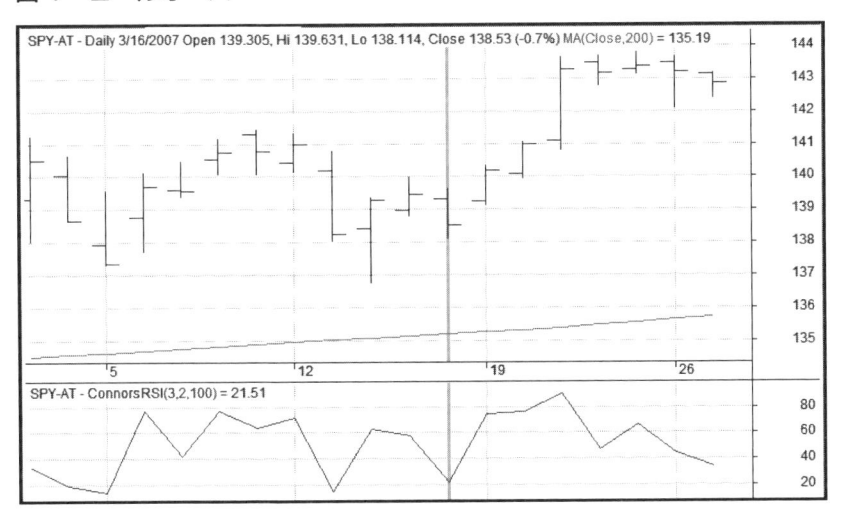

垂直線は現在、2007年3月16日を選択している。この日は3月限の満期日である金曜日だ。見てのとおり、SPYのコナーズRSIの値はま

だ80を超えていない。それは満期日にまだポジションを取っていることを意味する。SPYは138.53ドルで引けた。これは3月限の権利行使価格である143ドルを下回っているので、私たちの3月限のオプションは無価値になり、仕掛けるときに払った275ドルをすべて失う。レバレッジはもろ刃の剣だと言ったことを覚えているだろうか？

しかし、トレードを続けていて満期日を迎えた場合は、ロールオーバーをすると事前に決めていたので、すべて失われるわけでもない。つまり、私たちは3月16日に、4月限のオプションで権利行使価格が138ドルのものを買うだろう。これがそのチャートだ。

図5　ロールオーバーしたオプションの価格

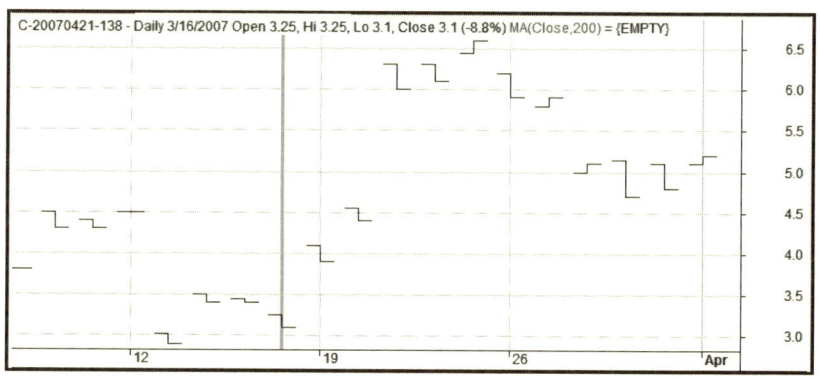

4月16日に、「4月限 138 SPY コール」は1株当たり3.10ドルで引けているのが分かる。それで、これがこのトレードの第2段階の仕掛け値になる。

私たちはコナーズRSIの値が80を超えて、手仕舞えるまで待っている。図4に戻ると、仕掛け日の3日後に80を超えている。その日は3月21日水曜日で、SPYは143.29ドル、コナーズRSIの値は89.78で引けている。手仕舞いのシグナルが点灯したので、1株当たり6.00ドル、

または1枚当たり600ドルでオプションを売る。

満期日にロールオーバーをしていなかったら、「3月限143 SPY コール」のトレードは100％の損失で終わっていただろう。4月限に乗り換えた場合、2段階のトレードのリターンは次のようになる。

総利益＝［第1段階の利益＋第2段階の利益］
　　　　　　　÷［第1段階の購入費用＋第2段階の購入費用］
　＝［(第1段階の手仕舞い価格－第1段階の仕掛け価格)
　　　＋(第2段階の手仕舞い価格－第2段階の仕掛け価格)］
　　　　　÷［第1段階の仕掛け価格＋第2段階の仕掛け価格］
　＝［(0－275ドル)＋(600ドル－310ドル)］
　　　　　÷［275ドル＋310ドル］
　＝［－275ドル＋290ドル］÷585ドル
　＝15ドル÷585ドル＝0.0256＝2.56％

2.5％の利益では心躍るほどではないかもしれない。だが、100％の損失よりは間違いなくずっと良い！

この戦略に加えることができるルール、またはフィルターがもうひとつある。このフィルターを追加するかどうかは、私たちが検証結果について述べたあと、自分で決めればよい。多くのフィルターと同様に、これを加えると1トレード当たりの平均利益は良くなるが、仕掛けのシグナル数は減る。この点については、以降の章で詳しく述べることにする。

最後の任意に選べるフィルターは、SPYが終値の200日移動平均線を超えているときにのみトレードをするというものだ。私たちはこの値を通常、MA（200）と略記する。私たちのリサーチによると、株やETFがMA（200）を下回っているときよりも上回っているときのほうが、価格が上昇する可能性が高かった。

変数と任意に選べるフィルターを含めたコナーズRSIに基づくオプション戦略のルールは次のとおりだ。

仕掛けのルール

次の条件のすべてを満たしたとき、残存日数が少なくとも8日ある、最初のイン・ザ・マネーのコールオプションを買う。

- SPYのコナーズRSI（3、2、100）の値がXを下回って引ける。ここで、X＝［5、7.5、10、12.5、15、17.5、20］である。
- 任意──SPYの終値はそのMA（200）を超えている。

手仕舞いのルール

次の条件のいずれかを満たしたとき、オプションを売る。

- SPYのコナーズRSI（3、2、100）の値がYを上回って引ける。ここで、Y＝［60、65、70、75、80］である。
- オプションが満期日を迎える。
- 任意──手仕舞い前に満期日を迎えた場合は翌限月に乗り換えて、最初のイン・ザ・マネーのコールオプションを買う。

ルールについて詳しく述べたので、検証結果を見ることにしよう。

第4章 検証結果

Test Results

　あるトレード戦略に従うと将来にどういう結果が得られるか、それを事前に知ることは不可能である。だが、この第7章で述べているコナーズRSIに基づくオプション戦略のように、完全に定量化された戦略では、少なくとも過去の結果がどうだったかの検証はできる。この手続きは「バックテスト」と呼ばれている。

　株やETFの売買に関する戦略では、私たちは通常、戦略を評価する証券グループを選ぶ。この証券グループはユニバース、または監視リストと呼ばれることもある。ほぼすべての上場株式とETFについては、過去のデータを容易に入手できるので、証券グループを柔軟に選ぶことができる。

　残念ながら、オプションの過去の価格について、完全で誤りのないデータを入手するのは非常に難しい。ひとつの理由は、オプションが一時的なものだから、つまり、有効期限が限られているからだ。オプションが満期日を迎えたら、多くの人はその価格データに関心を持たなくなる。もうひとつの理由は、オプションのデータは途方もない量になるからだ。例えば、SPY（S&P500ETF）のオプションには限月ごとに、コールとプットそれぞれに200近くの権利行使価格がある。いつの時点でも約10の限月があるので、満期日が毎月あるオプションのデータを集めるだけでも、SPYの約4000の異なるオプションに関し

て、毎日の始値、高値、安値、終値、出来高、建玉を記録していく必要があるということになる。しかも、これには毎週や毎四半期に満期日を迎えるオプションは含まれていない。

　コナーズRSIに基づくオプション戦略のバックテストでは、検証に使える良いデータがあるものに限定した。以降の検証結果は、2005年1月10日から2012年10月31日までの、8年足らずのオプションのデータに基づく。

　バックテストで得られる重要な統計のひとつは平均損益で、1トレード当たりの平均利益とも言われる。これを「エッジ」と呼ぶトレーダーもいる。平均損益は、％で表した利益と損失のすべてを、全トレード数で割った値である。次の10トレードを考えてみよう。

トレード番号	損益
1	1.7%
2	2.1%
3	-4.0%
4	0.6%
5	-1.2%
6	3.8%
7	1.9%
8	-0.4%
9	3.7%
10	2.6%

平均損益は次のように計算する。

$$平均損益 = (1.7\% + 2.1\% - 4.0\% + 0.6\% - 1.2\% + 3.8\% \\ + 1.9\% - 0.4\% + 3.7\% + 2.6\%) \div 10 = 1.08\%$$

　もうひとつの重要な統計は勝率だ。これは単に、利益が出たトレー

ド数を全トレード数で割った値である。前の表では、10回のトレードのうち7回のトレードで利益が出ていて、リターンはプラスになっている。この例での勝率は7÷10＝70％になる。

　平均損益が十分に高いときでも、どうして勝率を気に掛けるのか？

　それは一般に、勝率が高いほうが、ポートフォリオの純資産がより滑らかに上がっていくからだ。負けトレードは「集中」する傾向があり、そうなると、ポートフォリオの純資産は下がる。これはドローダウンと呼ばれている。純資産が下がると眠れなくなるか、トレードを放棄しようとさえ考えかねない。負けトレードが少ない、つまり勝率が高ければ、損失が集中しにくくなるため、ポートフォリオの純資産は激しく変動するのではなく、滑らかに拡大しやすくなる。

それでは、コナーズRSIに基づくオプション戦略の検証結果を、さまざまな変数の組み合わせで見ていこう。まず、買いだけの場合に最も平均損益が高い20通りの変数の組み合わせを見ることにする。

平均損益に基づくトップ20の変数の組み合わせ

トレード数	平均損益	平均保有日数	勝率	仕掛けでのコナーズRSI	MA(200)のフィルターを使う	満期日にロールオーバーする	手仕舞いでのコナーズRSI
56	21.96%	7.96	66.07%	17.5	Y	Y	80
45	20.62%	8.04	64.44%	15.0	Y	Y	80
53	19.77%	8.25	64.15%	17.5	Y	N	80
32	18.58%	4.75	71.88%	12.5	Y	Y	75
32	18.58%	4.75	71.88%	12.5	Y	N	75
42	17.77%	8.40	61.90%	15.0	Y	N	80
63	17.47%	4.83	74.60%	17.5	Y	Y	75
63	17.47%	4.83	74.60%	17.5	Y	N	75
31	16.85%	8.61	64.52%	12.5	Y	Y	80
48	16.26%	4.88	70.83%	15.0	Y	Y	75
48	16.26%	4.88	70.83%	15.0	Y	N	75
97	15.73%	4.78	73.20%	17.5	N	Y	75
97	15.73%	4.78	73.20%	17.5	N	N	75
66	14.12%	8.38	60.61%	20.0	Y	Y	80
74	13.04%	4.86	68.92%	15.0	N	Y	75
74	13.04%	4.86	68.92%	15.0	N	N	75
63	12.72%	8.59	58.73%	20.0	Y	N	80
86	12.46%	8.24	61.63%	17.5	N	Y	80
76	12.33%	5.16	68.42%	20.0	Y	N	75
25	12.30%	8.08	64.00%	10.0	Y	Y	80

Y＝MA(200)のフィルターを使う/ロールオーバーする　N＝MA(200)のフィルターを使わない/ロールオーバーしない

次は各列についての説明だ。

トレード数とは、2005年1月10日から2012年10月31日の間にこの変数の組み合わせでシグナルが点灯した回数である。トレード数が20に満たない変数はすべて除いた。トレードシグナルがそこまで少ない検証結果は、その変数の真のパフォーマンスを代表していない可能性があると考えているからだ。

平均損益とは、負けトレードを含む全トレードの平均利益または平

均損失である。トップ20の組み合わせでは、すべて利益が出ていて、12％から22％近くまでの範囲にある。

　平均保有日数とは、トレードを維持した平均日数である。この表では、どれも2週（10日）に満たない。

　勝率とは、シミュレーションをしたトレードのうちで利益が出た割合である。トップ20の変数では、65〜70％である。

　仕掛けでのコナーズRSIとは、仕掛ける日のコナーズRSI（3、2、100）の値で、許容できる最大値を指す。私たちは5から20までの値を、2.5ずつ増やしながら検証した。ただし、仕掛けのコナーズRSIの値に5を使った場合は、いずれも検証期間のトレード数が20に達しなかったので、その変数はすべて外した。

　MA（200）のフィルターを使う、の列では前章で述べた200日移動平均線のフィルターを仕掛けの条件のひとつとして使うかどうかを指定する。「Y」は、SPY（S&P500ETF）の価格が200日移動平均線を超えているときにだけ仕掛けたという意味だ。一方、「N」はMA（200）を無視したことを示す。この表の大半の変数の組み合わせでは、MA（200）が使われていることが分かる。これは私たちが以前、このフィルターについて述べたとき、平均リターンは良くなるが、トレード総数はおそらく減るだろう、と予測したとおりだ。

　満期日にロールオーバーする、の列が「Y」ならば、オプションが満期日を迎えたときに翌限月に乗り換えたことを示す。一方、「N」であれば、満期日に手仕舞ったことを示す。

　手仕舞いでのコナーズRSIとは、手仕舞いシグナルが点灯するために超えなければならないコナーズRSI（3、2、100）の値である。そのため、この列の値が75ならば、コナーズRSIが75を超えて引けた最初の日に手仕舞うことを示す。

　この表には、コナーズRSIに基づくオプション戦略について、20の異なる変数の組み合わせが見られる。それらは8年近くの間に一貫し

た動きを示している。重要なのは、自分の全体的なトレード計画を補える変数の組み合わせを選び、それを組織的、体系的に当てはめることだ。

それでは、勝率で測った場合にパフォーマンスが最も良い20の変数を見よう。

勝率に基づくトップ20の変数の組み合わせ

トレード数	平均損益	平均保有日数	勝率	仕掛けでのコナーズRSI	MA(200)のフィルターを使う	満期日にロールオーバーする	手仕舞いでのコナーズRSI
63	17.47%	4.83	74.60%	17.5	Y	Y	75
63	17.47%	4.83	74.60%	17.5	Y	N	75
97	15.73%	4.78	73.20%	17.5	N	Y	75
97	15.73%	4.78	73.20%	17.5	N	N	75
32	18.58%	4.75	71.88%	12.5	Y	Y	75
32	18.58%	4.75	71.88%	12.5	Y	N	75
48	16.26%	4.88	70.83%	15.0	Y	Y	75
48	16.26%	4.88	70.83%	15.0	Y	N	75
115	12.20%	5.17	70.43%	20.0	N	N	75
115	11.75%	5.19	69.57%	20.0	N	Y	75
74	13.04%	4.86	68.92%	15.0	N	Y	75
74	13.04%	4.86	68.92%	15.0	N	N	75
32	12.02%	3.41	68.75%	12.5	Y	Y	70
32	12.02%	3.41	68.75%	12.5	Y	N	70
32	7.58%	2.88	68.75%	12.5	Y	Y	65
32	7.58%	2.88	68.75%	12.5	Y	N	65
76	12.33%	5.16	68.42%	20.0	Y	N	75
76	11.65%	5.20	67.11%	20.0	Y	Y	75
48	9.46%	4.98	66.67%	12.5	N	Y	75
48	9.46%	4.98	66.67%	12.5	N	N	75

Y＝MA(200)のフィルターを使う/ロールオーバーする　N＝MA(200)のフィルターを使わない/ロールオーバーしない

勝率が高かった変数を見ると、仕掛けの変数はさまざまだ。しかし、手仕舞いでのコナーズRSIでは、75が圧倒的に多い。これは、できるだけ多くのトレードで利益を出して手仕舞いたいのであれば、仕掛けの条件にかかわらず、コナーズRSIの条件を75にするのが最も有効な

手仕舞い法かもしれないということだ。

トレーダーによっては、戦略を評価するための最も重要な測定基準は資金管理を中心としたものかもしれない。このようなトレーダーなら、素早く資金を回収してほかのトレードに使えるのなら、利益の一部を放棄しても我慢できる。それで、平均保有日数が最も短い戦略の変数を見ることにしよう。

平均保有日数に基づく、トップ20の変数の組み合わせ

トレード数	平均損益	平均保有日数	勝率	仕掛けでのコナーズRSI	MA(200)のフィルターを使う	満期日にロールオーバーする	手仕舞いでのコナーズRSI
108	5.78%	2.52	62.96%	17.5	N	Y	60
108	5.78%	2.52	62.96%	17.5	N	N	60
138	4.32%	2.55	61.59%	20.0	N	Y	60
138	4.32%	2.55	61.59%	20.0	N	N	60
32	3.49%	2.56	62.50%	12.5	Y	Y	60
32	3.49%	2.56	62.50%	12.5	Y	N	60
80	2.83%	2.58	58.75%	15.0	N	Y	60
80	2.83%	2.58	58.75%	15.0	N	N	60
50	2.11%	2.60	56.00%	12.5	N	Y	60
50	2.11%	2.60	56.00%	12.5	N	N	60
50	2.60%	2.64	60.00%	15.0	Y	Y	60
50	2.60%	2.64	60.00%	15.0	Y	N	60
86	0.70%	2.66	59.30%	20.0	Y	Y	60
86	0.70%	2.66	59.30%	20.0	Y	N	60
66	2.41%	2.71	60.61%	17.5	Y	Y	60
66	2.41%	2.71	60.61%	17.5	Y	N	60
34	-3.00%	2.82	52.94%	10.0	N	Y	60
34	-3.00%	2.82	52.94%	10.0	N	N	60
49	4.73%	2.86	59.18%	12.5	N	Y	65
49	4.73%	2.86	59.18%	12.5	N	N	65

Y＝使う　N＝使わない

これら20の変数はすべて、平均トレード期間が3日に満たない。次章で説明するように、トレード期間が最も短い変数は、私たちが検証した手仕舞いのうちで最も基準がゆるいものだろうという予想がつく。それはコナーズRSI（3、2、100）の値が60を超えたときに手仕舞

うものだ。ここで、利益を大きくすることとトレード期間を短くすることは両立しがたいことがはっきりと分かる。トレード期間が短いものには、平均損益がマイナスの変数もあるからだ。

最後に、検証期間にトレード数が最も多かった変数を見よう。「トレードシグナル数が最多」という条件を、戦略変数を選ぶ尺度にするトレーダーは多くないと思う。だが、この条件による変数の最上位を見ておいても損にはならない。

トレード数に基づくトップ20の変数の組み合わせ

トレード数	平均損益	平均保有日数	勝率	仕掛けでのコナーズRSI	MA(200)のフィルターを使う	満期日にロールオーバーする	手仕舞いでのコナーズRSI
138	4.32%	2.55	61.59%	20.0	N	Y	60
138	4.32%	2.55	61.59%	20.0	N	N	60
131	6.38%	3.06	64.12%	20.0	N	Y	65
131	6.38%	3.06	64.12%	20.0	N	N	65
123	8.16%	3.85	66.67%	20.0	N	Y	70
123	8.16%	3.85	66.67%	20.0	N	N	70
115	12.20%	5.17	70.43%	20.0	N	Y	75
115	11.75%	5.19	69.57%	20.0	N	N	75
108	5.78%	2.52	62.96%	17.5	N	Y	60
108	5.78%	2.52	62.96%	17.5	N	N	60
106	8.50%	2.89	65.09%	17.5	N	Y	65
106	8.50%	2.89	65.09%	17.5	N	N	65
100	9.46%	3.73	66.00%	17.5	N	Y	70
100	9.46%	3.73	66.00%	17.5	N	N	70
100	10.25%	8.54	60.00%	20.0	N	Y	80
97	15.73%	4.78	73.20%	17.5	N	Y	75
97	15.73%	4.78	73.20%	17.5	N	N	75
95	8.83%	8.76	57.89%	20.0	N	N	80
86	0.70%	2.66	59.30%	20.0	Y	Y	60
86	0.70%	2.66	59.30%	20.0	Y	N	60

Y＝MA(200)のフィルターを使う/ロールオーバーする　N＝MA(200)のフィルターを使わない/ロールオーバーしない

8年間の総トレード数で見ると、これらの変数によって生じたトレードシグナルは年平均で10～20回だった。これはそれほど多い数とは

思えないだろう。だが、検証では、SPYのシグナルだけを見て、そのコールオプションを買ったのだということを思い出してほしい。この戦略は、ナスダック100に連動するQQQやラッセル2000に連動するIWMのように、流動性が極めて高いほかの指数連動型ETFでも同様にうまくいく可能性が高い。そして、この戦略を使っているうちに、ほかにも適用できるETFが見つかるかもしれない。そうすれば、トレードシグナル数を大幅に増やせるだろう。

第5章　戦略の変数を選ぶ

Selecting Strategy Variations

　私たちは戦略ルールについて詳しく検討し、さまざまな角度から過去データによる検証結果を調べた。そして、あるパターンが見えてきた。それによって、仕掛けと手仕舞いのルールで用いる変数が結果にどういう影響を及ぼすかが分かる。この章では、戦略の変数と予想される結果との関係をもう少し詳しく見て、トレード計画を補うのにどの変数が最もふさわしいかを判断できるように、できるだけ多くの情報を提供したい。

　仕掛けのルールも手仕舞いのルールも、どれほど厳格であるか、つまりどれほど達成するのがやさしいか、あるいは難しいかという観点から考えることができる。また、厳格さは、ルールを満たす状況がどれほど頻繁に生じるかどうかの尺度だとも言える。コナーズRSIのようなオシレーターでは、値が中間にあるよりも両極端（0と100）に近いほど厳格で、生じにくくなる。

　仕掛けのルールは厳しいほうが満たされにくいので、通常はより厳しいルールに頼る戦略ほどトレード機会は減るだろう。堅牢な戦略であれば、トレード機会が少ないルールのほうが、平均ではたいていリターンが大きくなる。私たちは前章の200日移動平均線のフィルターで、この考え方をはっきりと示した。「平均損益に基づくトップ20の変数の組み合わせ」では、このフィルターを使った変数が大半を占め

ている。しかし、それらの組み合わせでは、このフィルターを使わなかった場合よりもトレード数がずっと少なかった。

　仕掛けの条件をひとつだけ取り出しても、しばしば同様のパターンが得られる。例えば、次の表で5つの変数の組み合わせは、仕掛けでのコナーズRSIの値を除いてすべて同じである。この値は最も大きいものから最も小さいものへ、つまり、仕掛けの条件が最もゆるいものから最も厳しいものへと並べてある。

トレード数	平均損益	平均保有日数	勝率	仕掛けでのコナーズRSI	MA(200)のフィルターを使う	満期日にロールオーバーする	手仕舞いでのコナーズRSI
76	12.33%	5.16	68.42%	20.0	Y	N	75
63	17.47%	4.83	74.60%	17.5	Y	N	75
48	16.26%	4.88	70.83%	15.0	Y	N	75
32	18.58%	4.75	71.88%	12.5	Y	N	75
23	10.89%	5.26	65.22%	10.0	Y	N	75

Y＝MA(200)のフィルターを使う/ロールオーバーする　N＝MA(200)のフィルターを使わない/ロールオーバーしない

　コナーズRSIの値が小さく（より厳しく）なるにつれて、トレード数は76から23へと明らかに減っている。トレード数の減少ほど一貫していないが、平均損益は上昇傾向にある。最も目立つのは、コナーズRSIに10を使ったときに、平均損益が急落している点だ。これは、この条件があまりに厳しすぎることを示している可能性がある。あるいは、トレード数がかなり少ないために、結果にいくらかゆがみが生じたのかもしれない。

　手仕舞いのルールを厳格にしても、その戦略から生じるトレード数にはほとんど影響しない。しかし、仕掛けのルールと同様に、手仕舞いのルールを厳しくするほど、通常は平均利益が増える。どうしてだろうか？　コナーズRSIのオプション戦略のような戦略では平均回帰を利用するのだが、手仕舞いのルールが厳しいほどトレードが長くなりやすいため、ETFやそれを原資産とするコールオプションがこの

平均回帰の動きに出合う機会が増えるからだ。というわけで、仕掛けでは、トレード数を増やして、なおかつ利益を高めるのは難しい。また、手仕舞いでは、トレード期間を短くしながら、1トレード当たりの利益を高めるのは難しい。

また、手仕舞いのルールをひとつだけ取り出しても、このパターンがはっきりと現れる。次の表の5つの変数は、手仕舞いでのコナーズRSIの値を除いて同じである。変数の組み合わせは手仕舞いでのコナーズRSIの値が最も低いものから高いほうへ、つまり、手仕舞いのルールが最もゆるやかなものから厳しいものへと並べてある。

トレード数	平均損益	平均保有日数	勝率	仕掛けでのコナーズRSI	MA(200)のフィルターを使う	満期日にロールオーバーする	手仕舞いでのコナーズRSI
50	2.60%	2.64	60.00%	15.0	Y	N	60
50	6.57%	3.04	64.00%	15.0	Y	N	65
48	6.11%	3.77	62.50%	15.0	Y	N	70
48	16.26%	4.88	70.83%	15.0	Y	N	75
42	17.77%	8.40	61.90%	15.0	Y	N	80

Y＝MA(200)のフィルターを使う/ロールオーバーする　N＝MA(200)のフィルターを使わない/ロールオーバーしない

　手仕舞いのシグナルに使うコナーズRSIの値が高くなるにつれて、平均保有日数で測ったトレード期間も足並みをそろえて長くなっている。3行目の変数でわずかに外れている点を別にすれば、平均損益はほぼ一貫して上昇している。

　これで、仕掛けと手仕舞いの変数が過去データの検証結果とどう関係するかがよく分かったので、何百もの変数のうちでどれが自分のトレードスタイルやトレード計画全般にとって最適かを、十分な情報に基づいて判断できるだろう。トレード回数を増やしたければ、仕掛けでのコナーズRSIの値が高い変数を使うか、200日移動平均線を外すことだ。平均リターンを大きくしたければ、仕掛けでのコナーズRSIの値が低く、トレード期間が最も長い（手仕舞いでのコナーズRSIが

75か80）変数を調べるとよい。仕掛けと手仕舞いを素早く行い、トレードを翌日に持ち越すリスクを減らして資金をほかのトレードに振り向けられるようにしたいのであれば、手仕舞いでのコナーズRSIで60を使う変数を試そう。いったん、変数が結果にどういう影響を及ぼすかを理解したら、戦略のパフォーマンスを自分にとって最適なものにするのに大いに役立つはずだ。

第6章 終わりに

Additional Thoughts

1. この第7章で分かったように、コナーズRSIに基づくオプション戦略を一貫して用いれば、大きなエッジがあることがデータで示された。
2. 私たちの検証では、SPY（S&P500ETF）のオプションだけに焦点を合わせたが、この戦略はほかの金融商品でも利用できる可能性が高い。流動性が極めて高いETFを原資産とするオプションのうちで、流動性が高いものを探そう。オプションの流動性を測るひとつの良い方法は建玉を見ることだ。これはマーケットで現在、未決済となっている総ポジション数を示す。オプションでは、建玉は毎日の出来高よりもはるかに役立つこともある。
3. 損切りのストップ注文についてはどうだろうか（これに対する答えはすべての戦略ガイドブックで取り上げている）。

　　私たちは、『コナーズの短期売買入門』（パンローリング）を含めた出版物で、ストップ注文についてのリサーチを発表してきた。

　　私たちが発見したことは、損切りのストップ注文を置くとパフォーマンスが落ちやすく、多くの場合、エッジがまったく消えるということだった。たしかに、買った銘柄が下げ続けているときに、ストップ注文で損切りできれば気分が良い。一方で、多くの短期トレード戦略について最大20年の検証をした結果では、スト

ップを置くと頻繁に損切りをさせられて、多くの損失が積み重なっていくことが示されている。ほとんどのトレード戦略では、こうした損失の蓄積を克服できない。

多くのトレーダーは損切りのストップを必ず置かなければならない。そうすることで、彼らは特に難しいトレードでも心理的に受け入れることができるからだ。ストップを使うかどうかは、自分で決めるべきことだ。だが、概して言えば、ストップを置くと、ここで紹介した戦略やほかの多くの短期戦略で得られるエッジは低くなる。繰り返すが、ストップを置くかどうかは、あなた自身が決めるべきことだ。私たちはどちらの手法を使うトレーダーにも、成功者がいることを知っている。

4. 検証では、スリッページと手数料は考慮に入れていない。トレードでは手数料を考慮に入れて、取引費用が最低になるようにしよう。現在では、ほとんどの証券会社において、１株当たり１セント以下で取引できる。だから、特にあなたが活発にトレードをするのなら、自分にふさわしい証券会社を選ぼう。オンライン証券会社はあなたと取引をしたがっている。

このコナーズ・リサーチ社のトレード戦略シリーズを楽しんでいただけていたら幸いである。この戦略について質問があれば、遠慮なく電子メール（info@connorsresearch.com）を送っていただきたい。

■著者紹介
ローレンス・A・コナーズ（Laurence A. Connors）
資産運用会社のLCAキャピタルとマーケット調査会社であるコナーズ・リサーチのCEO（最高経営責任者）。投資業界で30年以上の経験があり、1995年以降に投資情報の提供会社のコナーズ・グループを含め、売上高数百万ドル規模の投資関連企業2社を築き、コナーズ・グループは2009年にアントレックス非上場企業指数から10大急成長私企業の1社に2回選ばれた。1982年にメリルリンチに入社し、後にDLJの副社長になった。彼の考えや洞察はウォール・ストリート・ジャーナル、ニューヨーク・タイムズ、バロンズ、ブルームバーグのテレビとラジオ、ブルームバーグ誌など、数多くでメディアに引用されたりしている。著書には『魔術師リンダ・ラリーの短期売買入門』（リンダ・ブラッドフォード・ラシュキとの共著）、『コナーズの短期売買実践』『コナーズの短期売買入門』『コナーズの短期売買戦略』『高勝率システムの考え方と作り方と検証』（いずれもパンローリング）などがある。

■監修者紹介
長尾慎太郎（ながお・しんたろう）
東京大学工学部原子力工学科卒。北陸先端科学技術大学院大学・修士（知識科学）。日米の銀行、投資顧問会社、ヘッジファンドなどを経て、現在は大手運用会社勤務。訳書に『魔術師リンダ・ラリーの短期売買入門』『新マーケットの魔術師』『マーケットの魔術師【株式編】』（いずれもパンローリング、共訳）、監修に『高勝率トレード学のススメ』『フルタイムトレーダー完全マニュアル』『システムトレード基本と原則』『ラリー・ウィリアムズの短期売買法【第2版】』『コナーズの短期売買戦略』『続マーケットの魔術師』『続高勝率トレード学のススメ』『グレアムからの手紙』『シュワッガーのマーケット教室』『トレーダーのメンタルエッジ』『プライスアクションとローソク足の法則』『ミネルヴィニの成長株投資法』『破天荒な経営者たち』『トレードコーチとメンタルクリニック』『高勝率システムの考え方と作り方と検証』『トレードシステムの法則』『トレンドフォロー白書』『バフェットからの手紙【第3版】』『バリュー投資アイデアマニュアル』など、多数。

■訳者紹介
山口雅裕（やまぐち・まさひろ）
早稲田大学政治経済学部卒業。外資系企業などを経て、現在は翻訳業。訳書に『フィボナッチトレーディング』『規律とトレンドフォロー売買法』『逆張りトレーダー』『システムトレード　基本と原則』『一芸を極めた裁量トレーダーの売買譜』『裁量トレーダーの心得　初心者編』『裁量トレーダーの心得　スイングトレード編』『コナーズの短期売買戦略』『続マーケットの魔術師』『アノマリー投資』『シュワッガーのマーケット教室』『ミネルヴィニの成長株投資法』『高勝率システムの考え方と作り方と検証』（パンローリング）など。

2014年10月2日　初版第1刷発行

ウィザードブックシリーズ ㉑

コナーズRSI入門
―― 個別株とETFで短期売買を極める

著　者　ローレンス・A・コナーズ
監修者　長尾慎太郎
訳　者　山口雅裕
発行者　後藤康徳
発行所　パンローリング株式会社
　　　　〒160-0023　東京都新宿区西新宿7-9-18-6F
　　　　TEL 03-5386-7391　FAX 03-5386-7393
　　　　http://www.panrolling.com/
　　　　E-mail　info@panrolling.com
編　集　エフ・ジー・アイ（Factory of Gnomic Three Monkeys Investment）合資会社
装　丁　パンローリング装丁室
組　版　パンローリング制作室
印刷・製本　株式会社シナノ
ISBN978-4-7759-7189-5

落丁・乱丁本はお取り替えします。
また、本書の全部、または一部を複写・複製・転訳載、および磁気・光記録媒体に
入力することなどは、著作権法上の例外を除き禁じられています。

本文　©Masahiro Yamaguchi／図表　©Pan Rolling　2014 Printed in Japan